Luzca
estupenda,
siéntase
fabulosa

Luzca estupenda, siéntase fabulosa

12 claves
para disfrutar de una
vida saludable ahora

JOYCE MEYER

CASA
CREACIÓN
A STRANG COMPANY

Los consejos de este libro no pretenden reemplazar los servicios de un profesional especializado. Las dietas y ejercicios siempre deberían ser emprendidos tras una cuidadosa consideración, y le aconsejo consultarlos con el profesional que cuida su salud, a fin de tener en cuenta todos los aspectos que se relacionan con su salud, y en particular aquellos que pueden requerir un diagnóstico o atención médica. Si usted está embarazada, tiene mucho sobrepeso o alguna otra condición que requiera atención especial, usted debería buscar una opinión profesional antes de iniciar una dieta o un programa de ejercicios.

Luzca estupenda, siéntase fabulosa por Joyce Meyer
Publicado por Casa Creación
Una compañía de Strang Communications
600 Rinehart Road
Lake Mary, Florida 32746
www.charismahouse.com

A menos que se indique lo contrario, todos los textos bíblicos han sido tomados de la versión Reina-Valera, de la *Santa Biblia*, revisión 1960. Usado con permiso.

Algunos textos bíblicos han sido tomados de la *Santa Biblia*,
Nueva Versión Internacional (NVI),
© 1999 por la Sociedad Bíblica Internacional. Usado con permiso.

Este libro fue publicado originalmente en inglés con el título: *Look Great Feel Great*, Copyright © 2006 por Joyce Meyer, por Warner Faith, una división de Time Warner Book Group. This edition published by arrangement with Warner Books, Inc., New York, New York, USA. All rights reserved.

Traducido por: *Carolina Laura Graciosi, María Bettina López y María Mercedes Pérez*, coordinación general y revisión de: *María Fabbri Rojas*
Diseño interior por: *Grupo Nivel Uno, Inc.*

Library of Congress Control Number: 2006937152
ISBN-10: 1-59185-933-6
ISBN-13: 978-1-59185-933-8

Impreso en los Estados Unidos de América
10 11 13 ❖ 5 4 3 2

Contenido

Introducción

¿Tiene idea de cuán valiosa es usted? Si padece de baja autoestima o se odia a sí misma, si abusa de su cuerpo con una mala alimentación o malos hábitos, o si simplemente se ubica al final de la lista de las personas a las que atiende, después de los niños, el esposo, los padres, el jefe y los amigos, entonces, usted no entiende cuánto vale. Si lo hiciera, no se trataría a sí misma de esa manera. Usted ha sido colocada en esta tierra para propagar el amor de Dios, y nada puede ser más valioso que eso.

Quizás usted jamás se enteró de lo importante que es. Eso es lo que me ocurrió a mí. De niña fui abusada y llegué a creer que era la persona menos valiosa del planeta. Pasé muchos años estudiando la Palabra de Dios y teniendo compañerismo con Él antes de comenzar a hallar indicios de cuál era mi propio valor.

O tal vez usted conocía su valor en su juventud, pero en algún momento lo olvidó, lo enterró bajo una lista de obligaciones que requerían su atención clamando más fuerte que su propia alma. Si es así, bienvenida al club. El distorsionado sistema de valores del mundo moderno nos bombardea con mensajes que colocan a nuestro espíritu, alma y cuerpo en último lugar, después del dinero, la comida, la posición social y cosas similares. Por mucho que lo resistamos, todos sucumbimos en alguna ocasión.

No puedo decirle cuán importante es reformar su sistema de valores y volver a un sistema más antiguo. El sistema de valores *de Dios*. Sirve para todas las personas y pone todo su ser (cuerpo, mente, voluntad, emociones y espíritu) en el primer lugar, en la lista de cosas importantes y valiosas para Dios. Todo su ser, completo, juega un papel importante en el plan de Dios; Él ha confiado en usted para que lo cuide, y esa es, sin duda, una gran responsabilidad. De la única manera en que podrá realizar verdaderamente el trabajo que Dios le encomienda es manteniendo su espíritu, alma y cuerpo en óptimas condiciones.

Déjeme darle un ejemplo. En una ocasión estaba experimentando una gran culpa por haber hecho algo mal. Aunque le había pedido a Dios que me perdonara y creía que Él lo había hecho, me seguía sintiendo culpable. Mi mente estaba en mi pasado cuando debería haber estado en mi futuro. Me sentía deprimida y desanimada. Me dolía la cabeza, y en líneas generales, no tenía ánimo para hacer nada. El Espíritu Santo comenzó a tratar con mi actitud. Me preguntó si pensaba que mi actitud me ayudaba a trabajar para Él. Luego dijo: "Quiero que superes esto, porque no me estás siendo de utilidad en estas condiciones". La forma tan directa en que el Espíritu Santo trató conmigo me ayudó a ver que estaba perdiendo mi tiempo con emociones negativas. En realidad, estaba permitiendo que mi alma (mente, voluntad y emociones) afectara negativamente mi espíritu y mi cuerpo. Mi espíritu se sentía oprimido y el cuerpo me dolía. Debemos entender que somos criaturas complejas y que cada parte de nuestro ser afecta a las otras.

Si no ejercemos un buen cuidado de nuestros cuerpos, nuestro espíritu y nuestra alma serán menos eficaces. Si nos preocupamos en exceso, podemos afectar negativamente nuestra salud. Si no tenemos ninguna relación con Dios y estamos débiles espiritualmente, nos parecerá que nada funciona bien en nuestras vidas. Somos definitivamente seres tripartitos y tenemos muchas facetas en nuestra naturaleza, cada una de las cuales necesita un cuidado apropiado.

Pero ¿cómo podemos dar mantenimiento a nuestro espíritu, alma y cuerpo? No podemos dejárselos al mecánico local para una puesta a punto. No; pero una de las mejores maneras de cuidar de su espíritu y su alma mientras esté en este planeta es cuidar de su cuerpo; es el lugar donde ellos habitan mientras esté en la tierra. ¡La Palabra de Dios dice que su cuerpo es el templo de Dios! Habita en aquellos que creen en Él.

¿Acaso no saben que su cuerpo es templo del Espíritu Santo, quien está en ustedes y al que han recibido de parte de Dios? Ustedes no son sus propios dueños.

1 Corintios 6:19 NVI

¿Qué ocurriría si usted fuese a una iglesia que luce abandonada? Con la pintura descascarada en las paredes, las puertas rotas, ventanas sucias que no dejan pasar la luz. Se preguntaría quién pastorea aquel lugar, ¿no es cierto? La iglesia es su instrumento para celebrar la gloria de Dios, pero si no tiene suficiente respeto por la iglesia como para tomarse el tiempo de mantenerla en buenas condiciones, ¿qué dice esto de su relación con Dios?

La misma pregunta se aplica a su propio cuerpo. Es el instrumento que Dios le dio para que experimente la vida en la Tierra y para hacer buenas obras. Es el lugar en que habita su espíritu, en el que mora Dios. Para realizar el trabajo para el que usted fue creada, debe mantenerlo en forma. Si usted permite que su cuerpo se deteriore o se enferme, se convertirá en una distracción constante. No será ya capaz de experimentar la presencia de Dios, su gozo y paz, así como tampoco podría lograrlo en un edificio que fuera poco confortable, que se estuviera cayendo a pedazos, o que fuera estéticamente desmoralizante. Cada vez que nos descomponemos emocional, mental o físicamente, nos desgastamos. Si esto ocurre muy a menudo, podríamos llegar a un punto en que ya no podamos ser restaurados.

Todavía hoy debo recordarme esto a mí misma. En una ocasión dañé mi voz por hablar en un seminario con un profundo dolor de garganta. Aquella mañana, al levantarme, apenas si podía producir algún sonido. Sabía que no debía hablar, pero pensé en la desilusión de la audiencia si no lo hacía. Así que me forcé a hablar, creyendo que podría sobrellevar aquél día y luego podría hacer descansar mi voz al siguiente. No estaba mostrando respeto por mi cuerpo y empujé mis propias necesidades al fondo de la pila. No empleé sabiduría ni sentido común.

¡Parecería que es común dejar para otro día el cuidado de nosotros mismos! Me las arreglé para hablar aquel día, pero al siguiente no podía emitir ningún sonido. Ni el día siguiente, ni el otro. Tuve que rearmar mi agenda de trabajo. Esta condición continuó, y comencé a preocuparme. Me decía que algo no andaba bien en mi garganta. Finalmente, fui al doctor, quien me dijo que había dañado mis cuerdas vocales y que nunca más debía hablar en público con un dolor de garganta tan extremo. Me dio medicinas para reducir la inflamación y la hinchazón. Me dijo que cada vez que nos presionamos más allá de límites razonables, nos hacemos algún daño, y si lo hacemos muy a menudo, llegaremos a un punto en que no podamos recuperarnos. Agregó que podría llegar un punto en que lisa y llanamente ya no podría enseñar si no respetaba mi voz y la cuidaba.

Piénselo. Por ignorar la sabiduría de mi cuerpo y tratar de complacer a otros en aquel momento, ¡había puesto en peligro todo mi ministerio público! Si hubiese dañado mi voz en forma permanente, habría terminado ayudando a muchas menos personas y hubiese hecho descarrilar el llamado de mi vida. Ahora soy más cuidadosa respecto a la protección que doy a las herramientas que necesito para trabajar para Dios: mi voz, mi mente, mi corazón, mis emociones y mi cuerpo. De hecho, si usted lo piensa, toda la capacidad para mantenerse activa y hacer el bien en el mundo requiere de una mente, cuerpo y alma saludables, y todos ellas dependen de un estilo de vida y un entorno saludables. Mantener esta idea en mente le ayudará a permanecer en el camino de su vida y no tomar decisiones equivocadas.

De eso trata este libro. Lo escribí porque me ha asombrado la cantidad de gente que veo —al firmarles mis libros, en mi ministerio, y en el público en general— que no se cuida a sí misma. Claramente, muchos de ellos se sienten fatal. Cualquiera puede ver esto por la manera en que ellos se ven y por la forma en que se llevan a sí mismos. Sencillamente, usted no puede verse realmente estupenda si no se siente estupenda. Lo que siente emergerá en algún momento, en su lenguaje corporal, en la mirada sin brillo de sus ojos, o incluso en el tono de su piel. El cuidar de nosotros mismos está en nuestra naturaleza, así que *¿por qué no lo hacemos?* He meditado sobre las maneras en que esto podría salir mal, y se me ocurrieron varias razones:

1. No sabemos cómo cuidar de nuestros cuerpos físicos. Décadas de malas dietas, desinformación, y fácil acceso a la comida rápida o preempaquetada han dejado a las personas increíblemente confundidas sobre lo que es una dieta saludable y sobre cómo deben comer. ¡Usted se sorprendería de lo fácil y práctico que es comer bien! Le brindaré la información que necesita para entender cómo le afectan los diferentes alimentos, además de unos lineamientos que son muy fáciles de seguir.

2. Tenemos una imagen corporal errónea, plantada en nuestras mentes por los medios de comunicación y la publicidad. Por un lado, estamos inundados con ideales de belleza imposibles de lograr, y por el otro, la obesidad es tan frecuente que ya prácticamente se considera la norma. Necesitamos restablecer nuestra imagen interna de cómo debería verse una persona saludable.

3. Hemos perdido el contacto con el ejercicio físico. Virtualmente durante toda la existencia de la humanidad, el ejercicio físico ha sido una parte integral de nuestro diario vivir. Ahora hemos inventado tantas comodidades que solemos vivir completamente apartados del ejercicio. Sin embargo, gran parte de nuestro bienestar depende del ejercicio. Una vez que le haya explicado todo lo que el ejercicio hace en su beneficio, puede ser que usted se inspire para hacerlo formar parte de su propia vida diaria. Le mostraré algunas maneras simples en las que usted podrá mantenerse en forma y que no le pondrán sus horarios patas arriba.

4. Nos hemos dejado caer en vidas impracticables. Con la increíble presión de hacer malabares entre nuestra carrera y la paternidad, pagar hipotecas altísimas, los precios en alza de la gasolina, tratar de estar aquí y allá y en todos lados, resulta tan fácil dejar de lado el ejercicio. Así que comemos una hamburguesa con queso a la carrera, dormimos menos para ponernos al día con el trabajo, y dejamos que sea la cola quien menea al perro, hasta que hayamos cortado de nuestra vida todo lo que alguna vez nos produjo placer o nos mantuvo cuerdos. Esto está muy mal, ya que la vida es un don y esto significa que debe ser disfrutada. Debería ser placentera y sana. Pero una vez que usted comprenda el impacto de todo este estrés sobre su salud física, entenderá que esto es un crimen que está cometiendo contra su propia persona —y, espero, emprenderá alguna acción para recuperar una vida productiva.

5. Algunos nos hemos vuelto patológicamente desinteresados. El desinterés puede ser adictivo. Uno se siente tan bien al hacer cosas por otros, y nos hace sentir importantes. Sí, es bueno ayudar a otros y debería ser una parte importante de nuestra vida, pero en mi línea de trabajo, suelo ver personas que rutinariamente ignoran sus propias necesidades básicas. Lo único que da sentido a sus vidas es hacer cosas por otros. Esto es admirable, pero fácilmente se puede llegar a cruzar la línea y confundir sufrimiento con virtud. Los mártires suelen terminar amargados. Y una vez que el cuerpo se enferma y la vida ya no se disfruta, servir a otros resulta cada vez más difícil. Los voluntarios de los comedores comunitarios no permiten que sus platos se rompan mientras sirven un plato más de sopa. Ellos se dan tiempo para cuidar el equipo que necesitan para cumplir su vocación. Y usted debería hacer lo mismo con la pieza más importante de su equipo: su cuerpo.

No estoy sugiriendo que nos volvamos egoístas, porque eso nos volvería infelices y no es como Dios nos enseña que vivamos. Debemos vivir sacrificialmente e involucrarnos en buenas obras, pero en el proceso no debemos ignorar nuestras propias necesidades básicas. Todo en la vida debe estar balanceado o se vendrá abajo, y muy a menudo somos nosotros mismos los que nos enfermamos.

6. Hemos perdido nuestro soporte. Cuando no tenemos una buena red de contención social, o un buen fundamento cristiano que mantenga nuestro espíritu en alto, se hace fácil deslizarse hacia el aburrimiento, la soledad y la depresión. Si no somos capaces de llenar de alguna manera ese vacío, el diablo lo hará. Usted puede haber oído el dicho "la naturaleza aborrece el vacío". Bueno, déjeme decirle que ¡al diablo le encanta! Él pondrá un montón de comida dañina a su alcance y lo alentará a confundir su hambre espiritual y emocional con hambre física. El mantener una buena red de contención es una excelente manera de prevenir la formación de malos hábitos. Es necesario que nos rodeemos de la gente adecuada, los que nos defenderán si ven que nos estamos saliendo de equilibrio. Es necesario que pasemos regularmente tiempo en comunión con Dios y aprendiendo sus principios. Su Espíritu Santo, que trabaja a través de su palabra, condena nuestras malas obras y nos da la oportunidad de establecer cambios positivos antes de que nos estropeemos o nos enfermemos.

7. Hemos olvidado nuestro propio valor. Es aquí donde comencé, y es el punto al que regreso. Si usted no entiende su importancia en el Gran Plan, cuidarse a sí misma no tendrá sentido para usted. Recordarle el lugar que tiene en el plan de Dios es mi primera y más importante tares. ¡Dios tiene un gran futuro planeado para usted, y debe estar lista para llevarlo a cabo! Debe lucir estupenda y sentirse fabulosa, lista para hacer todo cuanto Dios le demande!

Mi historia

Primera de Corintios 6:19-20 explica que su cuerpo es templo del Espíritu Santo, quien está en usted ya que lo recibió de Dios. Usted ya no se pertenece a sí misma; usted ha sido comprada y se pagó su precio. Es por ello que debe usar su cuerpo para la gloria de Dios. El plan de Dios implica mantener un pleno uso de cuerpo, mente y alma, así como también un espíritu sano. Aún así, como ya he mencionado, en el mundo moderno es demasiado fácil dejar que uno, dos o todos estos aspectos se diluyan. Una serie de factores obran en nuestra contra. Antes de que pueda notarlo, el templo estará patas arriba y usted no sabrá por dónde comenzar a arreglarlo. Puede verse tentada a tirar todo abajo.

Pero ese proceso de restauración es mucho más simple de lo que usted puede creer. Sólo se limita a tomar las cosas paso a paso y aprender algunos secretos durante el trayecto. Lo sé, porque en mi vida hubo un tiempo en el que me hubiera encantado tener una bola de demolición para tirar abajo mi propio templo. En mi vida aprendí tempranamente algunas malas lecciones, y mi cuerpo llegó a desagradarme, así que tenía muy poca motivación para cuidarlo, lo que empeoraba aún más mis problemas. Lamentablemente aprendí, por el camino difícil, lo importante que es que nos cuidemos. El proceso de restaurar la salud en mi cuerpo requirió un genuino compromiso, pero ahora que he logrado salud y un buen estado físico, sé que eso hace una diferencia. Pongo más atención al mantenimiento de mi mente, emociones, cuerpo y espíritu y estoy ansiosa por ser la arquitecta de otros y ayudarles a diseñar un plan para su propio proyecto de restauración.

La mala relación con mi cuerpo comenzó con el abuso sexual, emocional y mental durante mi niñez. La vida en mi hogar era extremadamente disfuncional. Vivía bajo un estrés constante, a pesar de que no conocía ese término en aquel entonces. Comencé a sentir los efectos de ello en mi cuerpo cuando me convertí en adolescente. El primer problema que recuerdo fue dolor de estómago y estreñimiento. Fui al doctor y éste me dijo que yo tenía un colon irritable. Recién años más tarde comprendí que este desorden es causado generalmente por la tensión excesiva, los nervios y el estrés. Recuerde, en cualquier momento en que el cuerpo no puede relajarse, ese estado de falta de descanso promueve la enfermedad.

Durante aquellos años de abuso y temor, desarrollé una naturaleza basada en la vergüenza. Me sentía mal conmigo misma todo el tiempo. Sentimientos como ese pueden tornarse en un circuito de retroalimentación muy peligroso, y eso es exactamente lo que me ocurrió. Como no me quería a mí misma, y no me sentía atractiva, no tenía confianza en mi misma, y mis actos lo mostraban. Tenía veinte libras de sobrepeso porque comía mal y no practicaba ejercicios, y no sentía que fuese suficientemente especial como para hacer algún tipo de esfuerzo en mi propio beneficio. Me veía mal, y me sentía mal. Era la última chica que invitaban a salir porque no me sentía bonita y no estaba haciendo nada para ayudarme. Esto, por supuesto, hizo que el circuito de retroalimentación empeorara aún más.

La culpa fue mi compañera constante durante mis años de adolescencia. Pensaba que debía haber algo malo en mí: ¿qué otra cosa podría haber hecho que mi padre abusara de mí y me tratara como a una basura? Crecí y me convertí en una adulta muy insegura con baja autoestima. Me sentía despreciable.

Los niños abusados generalmente desarrollan estos sentimientos, pero pueden reaccionar de diferentes maneras hacia ellos. En mi caso, agregué más estrés a mi vida al tratar de probar —mediante mis logros— que era valiosa. Trabajaba muy duro, desesperada por lograr aprobación y temerosa de que si yo no proveía por mí misma, nadie lo haría jamás. También me convertí en una salvadora de los que estaban en problemas. Tenía un exacerbado sentido de la responsabilidad y me hacía responsable de cosas que debería haber dejado que manejaran otras personas.

Mi vida emocional era un desastre debido a los años de maltrato. Me enojaba fácilmente, me sentía frustrada la mayor parte del tiempo, y mi estado de ánimo podía variar erráticamente. Muy en el fondo, sentía que Dios estaba enojado conmigo. Aunque intentaba tener una relación con Él, ésta era disfuncional. Yo no sabía cómo recibir amor, de Él ni de nadie.

Recibir el amor incondicional de Dios es el comienzo de toda sanidad emocional. Hasta que podemos recibirlo, no podemos amarnos apropiadamente a nosotros mismos, ni podemos amar a otros. Creo que el mundo está hambriento de amor, y se encuentra ocupado tratando de obtenerlo en fuentes que jamás podrán satisfacerlo, cuando Dios quiere dárselo gratis. El dinero no puede satisfacerlo. Tampoco pueden la posición social, el poder ni la fama. Todos son malos sustitutos del amor. Todos dejan un descontento interior que causa toda clase de problemas, incluso obesidad. La gente trata de satisfacer un hambre que la comida no puede saciar.

A los dieciocho años me casé, dejé mi casa y me mudé más de quince veces en un período de cinco años. No tenía amigos verdaderos, ya que nunca había desarrollado relaciones en mi niñez. No sabía cómo hacer amigos y mantener relaciones saludables. Estaba sola y triste, lo cual es otra clase de vacío por falta de amor.

Mi primer matrimonio fue extremadamente estresante. Nos separamos varias veces. Él tomaba mucho, tenía problemas para mantener un trabajo, tenía relaciones con otras mujeres, y era un ladronzuelo. No puedo ni comenzar a describir cuán inestable era mi vida en aquel entonces.

Sufrí un aborto espontáneo y tiempo después di a luz a un varón. Cuando salí del hospital con mi bebé, no tenía adónde ir, de modo que me fui a vivir con un pariente por unos pocos meses. Luego de solicitar el divorcio, en la desesperación, me mudé a la casa de mis padres. Estoy segura de que usted puede ver que el estrés era mi estado normal. No me daba cuenta de que todo esto estaba afectando mi cuerpo.

Conocí a Dave Meyer cuando mi hijo tenía nueve meses y nos casamos luego de un cortejo arrollador de cinco citas. Obviamente, debido a los problemas internos que yo tenía, los primeros años de nuestro matrimonio no fueron pacíficos. Si Dave no hubiese sido un cristiano comprometido, dudo que se hubiera quedado conmigo.

A pesar de que mi relación con Dios no era lo que ahora llamo saludable, trabajé duro en ella —como lo hacía con todo. Quería ayudar a las personas y Dios me llamó al ministerio en 1976, cuando yo tenía treinta y seis años. Como mujer que trataba de llevar adelante un ministerio nuevo, experimenté oposición en mi familia, amigos, y en mi iglesia. ¡Más estrés! Me sumergí de lleno en mi ministerio. Era mi forma de sentirme valiosa. Mi identidad estaba todavía envuelta en mis logros.

Siempre perseguida por el temor al fracaso y el sentido de falta de valor que lo acompañaba, me concentraba duramente en el éxito. Programaba todo lo que podía para cada día. ¿Dormir? ¿Relajarme? ¿Diversión? ¿Risas? Equivalían a pérdida de tiempo. Además, hacía tantas cosas en el día y trabajaba hasta tan tarde cada noche que nunca podía lograr que mi sistema bajara la velocidad lo suficiente como para dormir mucho. Me cargaba con café cada mañana para compensar la falta de sueño y me mantenía en movimiento.

Cuando llegué a los treinta y seis años comencé a mostrar síntomas más serios en mi cuerpo. Me enfermé por cuatro meses seguidos. Me sentía tan mal la mayoría del tiempo que apenas si podía levantarme del sofá. Comprendo ahora que era porque mi cuerpo estaba estropeado por los años de estrés que había sufrido. Más tarde, comencé a tener desequilibrios hormonales. Mis ciclos menstruales eran demasiado frecuentes y excesivos. Me daban inyecciones de estrógeno cada diez días para poder funcionar. Finalmente me tuvieron que hacer una histerectomía, lo cual me sumergió inmediatamente en la menopausia.

En 1989 se me diagnosticó cáncer de mama. El tumor era de crecimiento rápido y estrógeno-dependiente, lo que significaba no sólo que necesitaría cirugía inmediata, sino que ya no podría recibir la terapia de reemplazo hormonal, mientras atravesaba el comienzo de la menopausia. Me sometí a la cirugía y soporté varios años más de verdadero suplicio, porque mi sistema hormonal era un desastre. Como podrá imaginarse, estaba destrozada.

Durante este tiempo comenzaron mis migrañas. Eran regulares e insoportables. A menudo sentía como si un cuchillo se me clavara en el ojo derecho.

A pesar de todo esto, continuaba mi trabajo en el ministerio. Viajaba, enseñaba la Palabra de Dios, me afirmaba en la fe por mi propia sanidad, y a menudo me preguntaba cómo podría seguir así. Si usted me hubiera visto, no se hubiera dado cuenta de que algo me pasaba. Me hubiera considerado una mujer exitosa e importante, como lo hacía tanta gente. Me veía cansada, pero no enferma. En ocasiones eso era frustrante, porque yo le decía a alguien lo mal que me sentía y ellos decían: "Bueno, te aseguro que no te ves enferma". Ellos no podían ver que estaba tan cansada que cuando me levantaba por las mañanas deseaba que ya fuese la hora de irme a dormir. Cumplía con mi deber, trabajaba duro, pero no disfrutaba *nada*.

Indudablemente, parte de mi problema venía de mis años de dietas. Siempre tenía unas veinte libras de sobrepeso y siempre seguía las dietas de moda. Como la mayoría de las personas que hacen dieta toda su vida, probablemente perdí y volví a ganar mil libras. Mi cuerpo no sabía qué esperar. Y yo no sabía qué darle. Crecí a base de frituras y almidón. Nadie me enseñó jamás lo que necesita un cuerpo para mantenerse saludable. Quería perder peso, alimentarme bien, verme bien, y sentirme bien; sólo que no sabía cómo lograrlo.

Al final comencé a leer libros de nutrición. Creía firmemente que Dios me guiaba a ellos. Aprendí algunas verdades básicas que me ayudaron enormemente. Aprendí lo importante que es la elección de los alimentos y lo peligrosa que puede ser la deficiencia de vitaminas; aprendí lo que eran las proteínas, grasas y carbohidratos. Por fin entendí la simple verdad del antiguo dicho "eres lo que comes". Los diferentes alimentos impactan en su rendimiento, su salud, sus sentimientos, la forma en que usted se ve y constituyen el mismísimo maquillaje de su cuerpo. Me di cuenta de que alimentarme bien debía ser una forma de vida, no sólo una dieta que me proponía para perder algo de peso, sólo para regresar a mis malos hábitos y volverlos a recuperar. Estaba cansada de ese ciclo. Muchas de ustedes también están cansadas.

Los libros que leía en aquel tiempo no incluían información sobre el estrés. En ese entonces, pocos científicos entendían la fuerza de la conexión entre la mente y el cuerpo como lo hacen ahora. Sabían que el estrés puede dejarla hecha polvo, sabían que tenía un efecto negativo sobre su salud, pero no sabían cuánto podía enfermarla. No sabían que la puede hacer envejecer más de lo normal. Muchos de los doctores que visité (y siempre estaba viendo doctores) me dijeron que yo estaba bajo un estrés extremo y que necesitaba desesperadamente hacer algunos cambios en mi estilo de vida. Me dijeron que era muy emocional, demasiado vehemente, pero, ¿cuál era la solución? Me sentía atrapada. Tomar un año libre para recuperarme estaba fuera de discusión. Teníamos mucho personal en nuestro ministerio y sentía que todos dependían de mí. Si yo no hacía mi parte, nadie recibiría su sueldo. Mi trabajo era muy absorbente. No podía dejar nada de lado ni delegar. Esta es la clásica ilusión en la que todos caemos por momentos. A veces elegimos seguir confundidos antes que enfrentar la verdad y tratar con las cuestiones de nuestras vidas. Cuando las personas que me amaban trataban de decirme que dejara de trabajar tanto, les decía que ellos simplemente no entendían mi llamado.

Durante aquel tiempo, yo no entendía por qué Dios no estaba protegiendo mi salud. Ahí estaba yo, trabajando para Él, y Él no me estaba ayudando a estar bien para que pudiera hacerlo mejor. Culpé de muchas de mis enfermedades al diablo. Creía que él estaba poniendo obstáculos en mi camino porque yo estaba tratando de ayudar a las personas. Estaba en lo cierto —él me estaba desviando— pero al fin entendí que la única razón por la que él podía hacer eso era porque yo le dejaba la puerta bien abierta para que él entrara en mi vida. Yo estaba rompiendo las leyes de Dios en cuanto a la salud y el descanso y Él no me daría un pase especial que me excusara de cosechar lo que estaba sembrando.

No importa cuál sea la razón para que abusemos de nosotras mismas, cuando lo hacemos, sembramos raíces de desobediencia que siempre darán una cosecha de desequilibrios físicos, mentales y emocionales. El Apóstol Pablo trabajó junto a un hombre que se enfermó por trabajar en exceso en el ministerio. El hombre casi murió, pero el Señor lo perdonó y Pablo lo envió a casa. Creo que es interesante el hecho que él no volvió derecho a trabajar. ¡Él se fue a su casa a descansar!

Por años, mientras mi ministerio crecía y prosperaba, yo me encontraba constantemente enferma. Rara vez estaba completamente debilitada, pero era una pequeña cosa tras otra. Nunca, nunca me sentía realmente bien. Mi cuerpo trataba de decirme algo, pero yo no escuchaba.

Tomaba suplementos nutricionales, y creo que me ayudaron a sobrevivir —¡más que cualquier otra medicina que me daban! Le agradecía a Dios más de una vez por las vitaminas, minerales, hierbas, batidos proteicos y bebidas energizantes. Pero mi cuerpo estaba tan debilitado en su salud que todo lo que los suplementos hacían era darme algo de energía y ayudarme a salir a enfrentar otro día. Nunca desarrollé reservas nutricionales, y el estrés chupaba todo lo que yo consumía. Los cuerpos estresados utilizan una tremenda cantidad de nutrientes. Las personas que tienen apenas la energía suficiente para enfrentar cada día no poseen reserva alguna.

Finalmente, llegué a un punto en el que estaba tan agotada que si ocurría algo estresante me quedaba sin aire y comenzaba a sudar, incluso ante algo tan mundano como tener que frenar de repente en medio del trafico. Lloraba con facilidad. Mi cuerpo y mis emociones me resultaban completamente extraños. Cuando mi presión arterial alcanzó un pico peligroso, supe que era hora de hacer algunos cambios y que la única que podía llevarlos a cabo era yo misma.

Eliminé mucho estrés de mi vida al quitar de mi agenda cosas que no estaba dando fruto alguno. Esto suena fácil, pero fue muy difícil de llevar a cabo. Después de todo, yo estaba a cargo de un ministerio internacional y sentía que debía estar involucrada en todo lo que ocurriera. ¿Ha sentido alguna vez que si usted misma no supervisa todo, las cosas no se harán correctamente? ¿Le resulta difícil delegar tareas a otros? De ser así, sé cómo se siente, pero también puedo decirle que mientras usted mantenga esa actitud, su trabajo jamás se hará y usted probablemente se sentirá estresada y triste.

Decidí que aunque un trabajo no se llevara a cabo exactamente de la manera que yo hubiese preferido, era mejor para mí delegarlo a otros. ¡Se sorprendería de ver cómo las personas pueden crecer en sus roles cuando se les da el espacio para que lo logren! Confíe en el movimiento que transmite poder. Además, ¿cuál es la ventaja de hacer todo usted misma si el estrés la hará sentir tan mal que no podrá disfrutar de los frutos de su labor?

Pero mi cuerpo había ido más allá del lugar donde simplemente el delegar responsabilidades me devolvería la salud. Literalmente no podía relajar mis músculos. No tenía idea de que los músculos increíblemente tiesos de mi cuello eran los que provocaban las migrañas. Hablé en una iglesia de Florida y otra vez tuve una terrible jaqueca. El pastor sugirió que permitiera que una terapeuta de la iglesia masajeara mi cuello. Pensé entre mí "¿Qué bien podría hacerme esto? Estoy enferma —con frotar mi cuello no lo resolverá". Pero, aunque renuente, acepté. Cuando la mujer tocó mi cuello, di un salto. Estaba tan duro y dolorido que apenas si podía soportar que ella me tocara. Me animó a que aguantara y le permitiera trabajar la rigidez de mis músculos.

Para mi asombro, la jaqueca desapareció. Ese fue mi primer contacto con los masajes, y, créame, me hice todos los que pude luego de aquel incidente. Los masajes ayudan a relajar el cuerpo, contribuyen a que la sangre circule hacia la superficie de la piel, permiten que se eliminen las toxinas que se alojan en los músculos, ayudan con la tonicidad de la piel y brindan una sensación de bienestar a todo el cuerpo. Me detendré más en los beneficios terapéuticos de los masajes más adelante en este libro.

A pesar de que los masajes me ayudaron enormemente, descubrí que como no había eliminado el estrés de mi vida, no podía realizar progresos permanentes. Los masajes me relajaban, pero para el final del día siguiente todos mis músculos estaban nuevamente tensos.

Cuando al fin combiné la ayuda nutricional con cambios positivos en mi estilo de vida, como los masajes y una agenda más relajada fue que comencé a ver buenos resultados. Logré relajar un poco mejor mis músculos, lo que me ayudó a eliminar las jaquecas y los dolores en el cuello y la espalda. También experimenté un incremento en mi nivel de energía. ¡Pero todo esto no sucedió de la noche a la mañana! Había abusado de mi cuerpo por mucho tiempo —en realidad, toda mi vida— y pasaron casi tres años hasta que logré sentirme realmente bien.

¡No se asuste por el período de tres años! Mi salud fue mejorando gradualmente, a través del tiempo, y el sólo hecho de sentirse mejor actúa como el mejor motivador. ¿Cómo se encuentra, luego de haber estado enferma mucho tiempo, al comenzar a sentirse mejor? Hay gozo en ello, aunque usted no esté completamente recuperada aún. Mi proceso de recuperación fue gratificante, pero llevó su tiempo. No crea que podrá sacar dos cositas de su agenda, tragar algunas vitaminas cada día e instantáneamente sentirse mejor.

Su recuperación puede no llevar tanto tiempo como la mía, o podría necesitar de más tiempo. Todo depende de cuán mala sea su situación. Pero, sin importar cuánto le demande, éste es el momento de comenzar. No se conforme con sentirse mal ni un solo día más mientras sigue sin hacer nada al respecto, excepto quejarse. ¡Hay ayuda! ¡Su cuerpo tiene la habilidad de restablecerse! Dios obrará para restaurarla plenamente si usted pone en práctica su guía para una buena salud. En la Biblia, Proverbios 18:14 establece que el ánimo del hombre lo sustenta en su tiempo de enfermedad. Si usted está lista para seguir el plan de Dios para lograr la plenitud y para dejarse guiar por el espíritu, el resto vendrá solo.

Escribí *Luzca estupenda, siéntase fabulosa* porque puedo decir con toda sinceridad que ahora me siento mejor física, mental, emocional y espiritualmente que en toda mi vida pasada. ¡Eso es una gran afirmación! Vivo cada día apasionadamente, y ese es un cambio impresionante.

Muchos de nosotros nos quedamos atrapados en un círculo de pensamientos negativos, creyendo que nuestros días de buena salud han quedado atrás y que simplemente estaremos peor cada día, más enfermos y con menos energía a medida que envejezcamos. ¡Soy una prueba viviente de que eso no es verdad! Estos son mis mejores días. Tengo una energía y una satisfacción que nunca antes había experimentado, una fe firme, y espero vivir el resto de mi vida con salud y gracia. No importa la edad o condición en que se encuentre, usted puede hacer lo mismo. Tenemos una promesa de Dios de que podemos seguir siendo muy productivos aún en la vejez, y yo quiero ayudarla en este sentido.

> Aun en la vejez fructificarán; estarán vigorosos, y verdes...
>
> Salmos 92:14

A través de los años, he aprendido cómo cuidar de mí misma y por sobre todas las cosas he aprendido que puedo tener una vida saludable para mi cuerpo y mi alma. Quiero compartir con ustedes mis pensamientos, conocimiento, experiencia y ánimo. También quiero compartir con usted mi fe, porque creo que la buena salud de la persona completa requiere de una sólida fe en Dios a través de Jesucristo. Él me ayudó en los días malos y me restauró. Dios me mostró qué hacer y me llevó a hacer cambios positivos. En ocasiones tardé mucho tiempo antes de obedecer plenamente, pero puedo decir con conocimiento de causa que el plan de Dios funciona. Su Palabra está llena de guías para lograr una buena salud; cualquier persona que las lleve a la práctica experimentará buenos resultados. Quisiera ahorrarle el tiempo que me llevó a mí comprenderlas. ¡Me llevó muchos, muchos años entenderlas bien!

Lo que quiero significar es que he estado en algunos lugares profundos y oscuros donde no podía ver ninguna luz. Comencé mi vida en un lugar así. Sé cuán desesperante puede parecer, y no le estaría diciendo que cambiar las pequeñas cosas puede hacer que las grandes cosas se hagan realidad si no lo hubiera probado yo misma. Yo era una muchacha desesperada, sola, deprimida y con sobrepeso; era adicta al trabajo; estaba enferma de estrés, era adicta a la cafeína y a los cigarrillos, me sentía perdida, vagando por un desierto espiritual; siempre estaba a dieta.

Fui todas esas cosas, todas y cada una de ellas, y me parecían abrumadoras e insuperables, pero he visto a Dios librarme de todos esos problemas una vez que logré claridad y tomé la decisión de concentrarme en las cosas básicas. Me ocupo de las pequeñas cosas cada día para cuidar mi cuerpo y mi alma, y dejo que Dios sea mi fiel compañero en este viaje. Ahora que me siento fabulosa, puedo hacer más cosas que nunca antes, alcanzar a más personas, y hacerlo todo con el gozo, pasión y libertad con que Dios desea que vivamos cada día. Lograr esto es un derecho que usted tiene desde su nacimiento, y espero que se una a mí mientras tomamos nuestros martillos espirituales y comenzamos su restauración.

Crisis de la autoestima en Estados Unidos

Mire a su alrededor en los centros comerciales, restaurantes, veredas y en los programas de televisión de Estados Unidos, y verá cantidad de señales de una sociedad sumida en una crisis de autoestima. Las parejas se presentan en el *Show de Jerry Springer* y se avergüenzan mutuamente sólo por cinco minutos de fama. Personas peligrosamente excedidas de peso engullen un helado más, preocupándose muy poco por lo que le están haciendo a su cuerpo o por el mal ejemplo que dan a otros. Mujeres atractivas y perfectamente normales, parecen perder el rumbo, y se muestran de la peor manera posible.

Frecuentemente firmo libros, y para ello me siento a una mesa en una librería, saludo a la gente que ha comprado uno de mis libros, y se los firmo. Estoy asombrada por las diferencias en la forma en que las personas cuidan de sí mismas. Algunas están en muy buenas condiciones, mientras que otras parecen estar prontas a expirar. Algunas tienen una piel suave, otras parecen un caimán. Algunas están bien acicaladas, otras lucen totalmente descuidadas. No creo que esa diferencia se deba a que algunos llevan una terrible vida mientras que otros tienen una existencia de cuento de hadas. Estas personas eligen cómo presentarse ante el mundo.

Es cierto que uno no puede juzgar al libro sólo por su portada, ¡pero usualmente es ella la que nos hace elegirlo! Nos guste o no, lo que vemos nos afecta, y comenzamos a formarnos opiniones basándonos en ello. Siempre les digo a los empleados que atienden los teléfonos del ministerio que ellos son la primera persona que da una impresión de los Ministerios Joyce Meyer, y que esa primera impresión es muy importante. Las Escrituras nos enseñan a no juzgar por las apariencias o demasiado apresuradamente, con lo que concuerdo, pero eso no cambia el hecho de que cómo nos presentamos afecta la forma en que las personas piensan acerca de nosotros. Y si sabemos esto, ¿por qué algunas personas deciden presentarse a sí mismas dando una terrible primera impresión?

El factor subyacente es la autoestima o la falta de ella. Cuando poseemos algo que consideramos valioso, hacemos un esfuerzo por cuidarlo.

Les aseguro que esto no es una cuestión de estilo. No significa simplemente que ahora esté de moda un estilo más asqueroso, y que en realidad esas personas estén dando una buena impresión a sus pares. Lo admito, en mis tiempos se esperaba que uno se vistiera bien cada vez que salía a la calle, y me llevó algún tiempo adaptarme al estilo casual de estos días. Pero puedo ver la diferencia entre alguien que hizo un buen trabajo en su estilo casual y otra que simplemente es desaliñada y no hace nada por cuidar de sí misma. No me formo opiniones basándome en el estilo. Pero si las personas parecen enferma o sucias, si se ven mucho más viejas de lo que son, entonces me preocupo por ellas.

Conozco una mujer que fue verbalmente maltratada por un padre alcohólico. Él le decía una y otra vez que ella no servía para nada y la acusaba de cosas inmorales de las que no era culpable. Este trato hizo que ella creciera sintiendo que no tenía valor alguno. No fue tratada como valiosa, así que no se valoraba a sí misma. Ni tampoco cuidaba de sí misma. Ella podría haber sido una mujer muy atractiva, pero virtualmente no hacía nada con sus cualidades. Tenía un hermoso cabello negro, largo y espeso, pero lo dejaba caer sobre su cara como si se estuviese escondiendo de algo. Su vestimenta diaria era un par de vaqueros gastados, una blusa holgada y tenis sucias. No cuidaba su piel, así que estaba seca y áspera. Estaba deprimida, sufría de un serio caso de artritis, problemas estomacales, hormonales, nerviosos, y una variedad de dolores y molestias. Ella casi nunca se compraba nada porque, muy en lo profundo, no sentía que lo mereciera. Incluso cuando yo le hacía algún regalo para que se sintiera amada y valiosa, se le hacía difícil recibirlo por la forma en que se sentía respecto de sí misma.

¿Conoce gente como ésta? Son más comunes de lo que querríamos admitir, ¿no es cierto? Yo veía en esta mujer, como en tantas otras que he conocido, lo que creo es una conexión entre la baja auto-estima y la falta de disposición para invertir en el propio cuidado. Las dos están muy relacionadas, y la flecha puede ir en ambos sentidos. Las personas con una buena autoestima son más propensas a cuidar de sí mismas, y las personas que se toman el tiempo necesario para hacer pequeñas cosas que las hagan verse o sentirse mejor son más propensas a tener una autoimagen positiva. Serán más propensas a ser mejores padres. Parejas más amantes. Trabajadores de calidad. Empresarios más inteligentes.

Lucir estupenda, sentirse fabulosa. Sentirse fabulosa, lucir estupenda. No es una coincidencia que las dos suelan ir juntas. Si tengo un día en que no me siento físicamente bien, de todos modos me pongo una ropa bonita y confortable, me arreglo el cabello y me maquillo como siempre, y eso siempre me hace sentir mejor. Quizás no haga que mi malestar desaparezca, pero me hace sentir mejor conmigo misma.

Mis padres y mi tía viven en un complejo residencial asistido. Muchos de los residentes son octogenarios o aún mayores. Me divierte y me bendice ver a estos ancianos vestirse con sus mejores galas y dirigirse al comedor para la cena. (El complejo tiene en realidad un código de vestimenta y los residentes no pueden ir ni al pasillo con ruleros o batones.) Algunas de las damas usan muchísimo maquillaje, joyas importantes y vestidos elegantes. Los hombres suelen usar traje y corbata. Se dirigen hacia los ascensores a eso de las cuatro de la tarde, muchos empujando un andador, ¡pero luciendo lo mejor! Creo que todo esto les ayuda a sentirse mejor consigo mismos. Al verse lo mejor posible, se sienten mejor y más jóvenes.

La sabiduría de invertir en su salud

Anhelo alcanzar a diferentes tipos de personas con este libro. Un grupo es el de las personas que se han dado por vencidas, que consideran que son tan poca cosa que han dejado de cuidarse porque están cansadas, con sobrepeso, o enfermas, o que la vida les pasa sin que puedan disfrutarla. De hecho, ¡algunas de ellas se han rendido en todo! Creen que es más sencillo no esperar nada bueno que esperar algo y luego volver a desilusionarse.

En verdad, las cosas no serán más fáciles si usted se rinde, porque tendrá que pasar el resto de su vida sintiéndose un fracaso y dándole excusas a Dios de por qué no está usando el don que Él le ha dado. ¿Qué sucede si su madre le regala una pintura hermosa pero usted nunca se toma el tiempo de enmarcarla? Cada vez que ella va de visita, usted se siente culpable, mal y perezosa. Pone otra excusa, pero muy en el fondo usted sabe que no se preocupó lo suficiente como para hacerlo. Entonces, ¿adivine qué? Dios volverá sobre ello *todos los días*. Él sabe y ve todo, así que deje de dar excusas y comience a aprovechar al máximo la vida que Dios le ha dado.

Cuidar de su vida no es un lujo. Es una forma de respetar a Dios y de respetar a otras personas, porque cuando usted no se cuida, cuando termina enferma e incapacitada, deposita sobre su familia y sobre la sociedad el peso de cuidar de usted. Cuando nos sentimos mal solemos hablar mucho de ello, y también entonces podemos volvernos una carga para quienes nos rodean. Esto es especialmente frustrante cuando ellos saben que podríamos hacer cambios positivos en nuestra vida para ayudarnos a nosotros mismos, pero no los hacemos.

Luego existe otro grupo, muy diferente, al que también espero alcanzar. Estos muchachos ciertamente no dejan que la vida les pase de largo, pero quedan atrapados en su propia vida. Estos son lo que responden a la personalidad tipo A, los que rinden más de lo que se espera de ellos, que se quieren a sí mismos y se diría que se preocupan por su salud, pero tienen cosas más importantes que hacer y no pueden distraerse en pequeñeces como ejercicio, dieta o cuidado personal. Si usted es una de esas personas, espero poder convencerla de que no está haciendo bien las cuentas. En vez de ver ese tiempo como desperdiciado, usted debe comenzar a verlo como una inversión en su salud —ahora, y especialmente para su futuro.

Las personas no tienen inconvenientes en invertir en planes de retiro o en cuentas individuales de retiro (IRA, por sus siglas en inglés). Aunque eso implica que hoy pongan dinero de sus propios bolsillos, ellos saben que gracias a los intereses compuestos, los recuperarán multiplicados por diez cuando se retiren. Sin embargo, la mayoría de las veces estas mismas personas no están dispuestas a hacer una simple inversión en su salud y su bienestar que les asegurará un futuro más feliz de lo podría lograr cualquier plan de retiro. Y ni siquiera tendrán que esperar a retirarse para reclamarlo. Las inversiones que usted hace en su salud comienzan a redituar inmediatamente, y le seguirán dando intereses el resto de su vida. ¡Qué gran negocio! Es tiempo de que usted se preocupe menos por invertir en acciones, bonos o bienes raíces y se preocupe un poco más por *invertir en usted misma*.

Piense en su auto. Sabe que le resulta rentable hacerle pequeños cambios de aceite y de filtros, rotar las llantas, chequear los fluidos y cosas similares. Usted no obtiene ningún beneficio inmediato al hacer estas cosas, pero sabe qué pasaría si *no* las hiciera. De repente, el auto no funcionará correctamente y no podrá llevarla a donde usted necesita ir. Y destruir un motor por quedarse sin aceite es *mucho* más caro que simplemente cambiarle el aceite cada tres mil millas.

He escuchado a mi esposo decir "compraron ese auto, pero no le hacen ningún mantenimiento. Sólo lo van gastando". En forma similar, su cuerpo es el vehículo para llevarla adonde usted debe ir en la vida. No sólo físicamente, sino también espiritualmente. No se niegue a dar mantenimiento a su cuerpo y lo lleve a la tierra (sepultura) antes de lo que Dios ha programado. Algunas personas esperan a estar enfermas para intentar restaurar su salud, pero es mucho más sencillo para su cuerpo —¡y también más barato!— si, en primer lugar, simplemente evita enfermarse. Usted no espera a arreglar los frenos hasta después que chocó con el auto que está delante del suyo, y tampoco debería esperar a tener su primer infarto para comenzar a hacer ejercicio. Usar hilo dental ahora es mucho mejor que una cirugía periodontal después, una agenda más pausada ahora es mejor que una crisis nerviosa más tarde, y sé que sería mejor que dejara de comer tres rosquillas y dos chocolates por día antes de enfrentar la diabetes, inyecciones de insulina y una máquina de diálisis en diez años.

Como en cualquier otra clase de inversión, el apostar por usted ahora le demandará parte de sus recursos. En términos de dinero, demanda muy poco. La buena comida puede ser cara, pero usted encontrará que si sigue los lineamientos de este libro, y come más comidas sanas y menos de las procesadas, realmente podrá ahorrar dinero. Tomar más agua es gratis, como lo es caminar y realizar muchos otros ejercicios. Dado que la mayoría de las recomendaciones de este libro involucran "menos de algo" —llámese comer menos comida chatarra, tomar menos refrescos, fumar menos o no fumar del todo— usted descubrirá que seguir el plan de Dios le dejará con más dinero en el bolsillo cada semana.

La mayor inversión que deberá hacer será en tiempo. Primero, debe comprometerse a tomarse algún tiempo para aprender cómo afectan su energía y su salud la mayoría de los alimentos, y en qué medida los diferentes estilos de vida producen un impacto en su nivel de estrés y en su bienestar. No estamos hablando aquí de un enorme compromiso, sino tan sólo el que le demande leer todo este libro. Media hora de ejercicio por día es media hora, cierto. Pero si significa una tarde de gran energía con muchos logros, puede producir, en definitiva, tiempo libre. Permitirse una hora extra de sueño cuenta como tiempo gastado, sólo si usted considera que aferrarse durante una hora cada mañana a una taza de café como si fuera un salvavidas es tiempo bien invertido.

Lo que sea que usted haga para invertir en sí misma ahora, sepa que le dará gran rédito más tarde. Evitará pasar tiempo en el hospital, o aguardando en la sala de espera del doctor. Ahorrará dinero que podría haber gastado en medicamentos, pastillas para dormir o terapeutas. La buena salud es barata. Estar enfermo es caro.

Resulta fácil "poner un precio" a tales cosas. Pero, por supuesto, el mejor rendimiento de su inversión en usted misma no tiene precio. Es su espíritu. Cada vez que usted no se da el valor que en verdad tiene, contrista su espíritu. Cada vez que usted se trata correctamente, su espíritu se eleva un poquito más.

Verse bien no es un pecado

"¿Le preocupa a Dios cómo me veo? ¿Debo ser delgada?" Más de una persona se ha preguntado esto, de una u otra manera. La respuesta es que por supuesto que Dios no nos juzga por nuestra apariencia, menos mal que Él nos juzga por nuestro corazón. Pero Él sí quiere que nos veamos lo mejor posible para su gloria y honra. Nosotros lo representamos y debemos vivir con excelencia en cada área. La excelencia simplemente significa que tomemos lo que tenemos y hagamos lo mejor que podamos con ello. A Dios sí le preocupa cómo se sienta usted por dentro, y en definitiva, el verse bien por fuera es un reflejo de su salud, su felicidad, y su estado espiritual interno. No me refiero a como se ven las modelos de tapa de Cosmopolitan; la cantidad de retoques y falsificaciones que tienen esas tapas lo dejarían atónito. Me refiero a la apariencia normal, saludable, que hace que las personas le respondan positivamente y que le ayuda a sentirse lo mejor posible con usted misma.

Muchos cristianos malinterpretan el mensaje de la Biblia respecto de valorar más la belleza interior que la apariencia exterior. Toman el concepto de manera extrema, creyendo que cualquier esfuerzo por verse bien constituye un pecado. Lo que el apóstol Pedro dice es:

> Que la belleza de ustedes no sea la externa, que consiste en adornos tales como peinados ostentosos, joyas de oro y vestidos lujosos. Que su belleza sea más bien la incorruptible, la que procede de lo íntimo del corazón y consiste en un espíritu suave y apacible. Ésta sí que tiene mucho valor delante de Dios.
>
> 1 Pedro 3: 3-4, NVI

Lo que Pedro quiere decir es que usted no debe confundir la belleza exterior con lo más importante, que es un espíritu suave y apacible. No ser vanidosa ni poner toda su confianza en cómo se ve. ¡Pero Pedro tampoco dice que la única manera de ser virtuoso es usar una bolsa marrón, dejar de bañarse y deshacerse de todas sus posesiones! Es verdad, unas pocas personas han encontrado a Dios al renunciar a todas sus posesiones materiales, pero en general creo que es mucho más difícil hallar *lo que sea* si se encuentra bajo las constantes distracciones de sentirse mal, o si se desvía de su camino para verse tan poco atractiva como le sea posible y luego es maltratada por otros porque piensan que es una fanática religiosa. A Dios le preocupa que usted avance vestida de santidad. Pero la santidad *más* un lindo atuendo no daña a nadie. Si la gente ve que usted se respeta a sí misma, también la respetará.

Como todo en la vida, es una cuestión de equilibrio. Mantenga en mente el cuadro de la situación total. Pregúntese: "¿Cuál es la obra para la cual Dios me ha puesto sobre la tierra?" Luego decida qué cantidad de atención debería darle a la forma en que usted se ve y se siente para lograr el máximo de energía, salud y carisma que necesita para desarrollar esa tarea de la manera más exitosa posible.

Practique el plan de 12 claves para una salud excelente

Roma no fue construida en un día, ni tampoco lo es la autoestima. La salud personal es un proyecto permanente. Pero como todo gran proyecto, se comienza con un buen cimiento y se edifica a partir de él, y eso será precisamente lo que usted podrá hacer con este libro. Cada uno de los doce capítulos que siguen tratará una de las doce claves para construir un estilo de vida que cultive un espíritu, alma y cuerpo saludable. Su tarea será leer cada capítulo, decidir si necesita mejorar esa área de su vida, y de ser así, resolver cómo hacerlo.

En cada capítulo le explicaré cuál es la clave y por qué es tan importante para lograr el éxito físico y espiritual. Le contaré cómo me ha ayudado a mí o a otros. Y luego le daré cinco sugerencias prácticas y realistas para que incorpore ese cambio a su vida. No espero que usted lleve a cabo las cinco; de hecho, no debe seguir *ninguna* si se le ocurre alguna mejor idea. Cada capítulo concluye con una sección llamada "Puesta en práctica", donde usted puede escribir el modo —sólo uno— en el que comenzará a implementar esa clave.

¿Qué podría ser más sencillo? Por ejemplo, para la Clave 7: Comer a conciencia, todo lo que debería hacer es comenzar dando gracias antes de cada comida. O dejar de comer mientras hace otras cosas. O comenzar con una pequeña muestra para tomar realmente conciencia de lo que está comiendo, en lugar de comer sin pensar en lo que hace. El nivel de éxito de las dietas complicadas o de cambios bruscos de estilos de vida es muy bajo. Prefiero que usted elija pequeñas cosas y se comprometa verdaderamente con ellas en lugar de pretender muchos cambios y perder las esperanzas pocas semanas después. Además, una vez que haya hecho un cambio y se dé cuenta de lo bien que se siente, encontrará que, de un modo natural, querrá hacer más.

Pero yo no le pido eso. Sólo pretendo que pueda lograr un cambio de actitud, que lo escriba —lo cual hará mucho más probable que lo tome con seriedad— y que logre adoptarlo con naturalidad, antes de pasar a la siguiente clave. Al final de este libro hay una página donde usted llevará el registro de sus doce elecciones, para ayudarla a recordarlas. Con el tiempo, usted se encontrará con que ha adoptado doce pequeños cambios de vida. Eso es muchísimo, considerando lo difícil que es romper con los viejos hábitos. Si realmente internaliza estos doce pequeños hábitos, habrá cambiado realmente, de arriba hacia abajo, y de adentro hacia fuera.

¿Cuánto tiempo debo dedicar a cada clave?

El tiempo que dedique a cada clave depende estrictamente de usted. Lo importante es que ponga el esfuerzo necesario para lograr el éxito en cada una. No lea la Clave 4: Ejercítese, decida caminar media hora por día, camine tres días y luego lo olvide para seguir con la Clave 5: Comer en forma balanceada. Haga que esa media hora de caminata diaria sea su firme tarea por tanto tiempo que cuando pase a la clave siguiente, automáticamente pueda seguir realizando esa caminata cada día.

Entonces, ¿cuánto tiempo es el correcto? Seguramente emprender una clave cada día sería ir demasiado rápido. Una nueva clave por mes no es necesariamente demasiado lento; significa que usted dedicará el próximo año a comprometerse realmente con su salud física y espiritual, y le da tiempo suficiente para trabajar en cada clave antes de pasar a la siguiente. Le sugiero que lea todo el libro para que tenga una idea de hacia dónde estará trabajando, y luego vuelva atrás y tome clave por clave, una a la vez, poniendo la cantidad necesaria de esfuerzo en cada una, antes de pasar a la siguiente.

Para la mayoría de las personas, dos a cuatro semanas por clave son generalmente suficientes. Todo dependerá de cuán rápido se adapte usted al cambio, y cuántas ansias tenga de lograr una nueva vida. Sea sincera con usted misma y sabrá qué es lo mejor para usted. Prefiero que se tome más tiempo pero, al final, logre el éxito; y no que se apresure a pasar de una clave a la siguiente y que en algunos meses ya no esté poniendo en práctica ninguna.

¿Por qué doce?

Doce es un número sagrado, un símbolo de plenitud. Piense en los doce meses del año, o doce horas del día y doce de la noche. Había doce tribus en Israel. Y, por supuesto, hubo doce apóstoles.

Las doce claves representan la totalidad de la vida. Al enfocarse en cada una de ellas, se asegurará un equilibrio. No habrá ningún rincón de su vida que la enfermedad —física ni de ningún tipo— tenga permiso para infectar. Todo lo que se necesita para *lucir estupenda y sentirse fabulosa* es hallar un poco de tiempo para hacerse amiga de cada clave.

Cada una de las doce claves tiene un objetivo específico, pero todas se superponen. Al igual que las diversas piezas y partes de su cuerpo, las claves también se encuentran interconectadas y se refuerzan unas con otras. Por ejemplo, ejercitarse más (Clave 4) es una de las mejores formas de reducir el estrés (Clave 9). Reducir el estrés le ayudará a dominar su hambre espiritual (Clave 8), la cual es esencial para desarrollar una sana relación con su cuerpo (Clave 2), y ésta, a su vez le ayudará a crear una visión positiva de su futuro (Clave 10). Las conductas saludables fomentan otras conductas saludables, de manera que usted encontrará que, a medida que ponga en práctica cada clave en su vida, cada vez le resultará más fácil. Con el tiempo, habrá creado la increíble cúpula de una catedral de vitalidad que parecerá flotar sin esfuerzo soportada por sus doce columnas.

El comienzo

No es preciso que usted siga las claves en el orden que aquí se especifica, pero sería una buena idea que lo hiciera. Ellas se asientan una sobre la otra, y las primeras (la relación correcta con Dios, la correcta autoestima, la imagen corporal saludable y el buen metabolismo) constituyen las bases para las demás.

Como mencioné antes, es muy importante que lea todas las claves antes de comenzar. Querrá pensar en los futuros éxitos y en los pequeños pasos que deberá dar antes de abordar otros grandes, antes de empezar. Le será de ayuda tener una perspectiva completa de la situación.

¿Lo ha entendido? ¡Ahora comience! ¡Dé el primer paso hacia una nueva usted!

Luzca estupenda, siéntase fabulosa

➤ CLAVE 1 ◄

Deje que Dios haga
el trabajo pesado

Si usted nombra cualquier dieta que se haya inventado en los últimos cuarenta años, lo más seguro es que yo la haya hecho. He probado dietas de bajas calorías, bajas en carbohidratos, y baja en grasas. He probado dietas líquidas, de huevos duros, bananas y leche y hasta la del pomelo. Algunas de ellas hasta funcionaron al principio. Usted conoce la rutina. Usted adopta una dieta y se entusiasma con lo buena que puede ser. ¡Cambiará su vida! ¡Le habla de ella a todas sus amigas! Su entusiasmo dura las primeras dos semanas y pierde algunos kilitos. Quizás usted realmente esté muy comprometida, y la sigue durante algunos meses, con lo cual pierde diez o veinte libras (unos cinco o diez kilos). Pero entonces se topa con los inconveniente de seguir la dieta. Sale a comer afuera, o come con amigos, y ninguna de sus opciones se adecua a su dieta, así que hace excepciones. Su agenda está tan ocupada que debe comer a las carreras. Luego, la comida de la dieta comienza a resultarle aburrida, y empieza a tener antojo de alguna variedad.

Muy pronto, la dieta es historia. Lenta, pero seguramente, usted comienza a ganar nuevamente el peso que tenía, y a veces un poco más. Me ha sucedido esto incontables veces. Tal vez a usted también. Pensamos que es nuestra culpa. Si no fuésemos tan flojas, si tuviésemos más fuerza de voluntad, seríamos increíblemente delgadas y saludables. Ya sea que la meta en cuestión fuese una dieta para perder peso, una rutina de ejercicios, cambiar la forma como tratamos a las personas, o cualquier otra misión de mejora personal, el fracaso hace que nos culpemos a nosotras mismas. Pronto estamos revolcándonos en un agujero de autocompasión e indignación.

Nos criticamos por nuestra falta de fuerza de voluntad, pero ¿qué sucedería si en realidad no hubiéramos entendiendo totalmente el principio de la fuerza de voluntad? ¿Qué sucedería si estuviéramos dejando de lado algo que debería haber primero para que la fuerza de voluntad sea eficaz?

La verdad sobre la fuerza de voluntad

Usted sabe lo que es la fuerza de voluntad. Es lo que nos hace rechazar el helado de chocolate y dulce de leche que está frente a nosotros, a pesar de que cada célula de nuestro cuerpo pide a gritos que lo comamos. La fuerza de voluntad es aquella cosa que los directores de corporaciones y los atletas profesionales nos cuentan que utilizan para derrotar a sus competidores. La fuerza de voluntad es lo le hace levantar cada mañana y salir a correr.

Seguro que la fuerza de voluntad suena como algo grande. Se nos lleva a creer que tenemos lo suficiente de ella como para vencer las tentaciones que se nos presentan. Y a veces funciona. Pero permítame contarle un secreto sobre la fuerza de voluntad. Fuerza de Voluntad es su mejor amiga cuando las cosas andan bien, pero es la primera en irse cuando usted está cansada. Fuerza de Voluntad se asoma, un sábado a la mañana en que llueve y la temperatura es de cuarenta grados Fahrenheit (4.5ºC) y dice "¡Hoy me quedo en casa!" El problema es que Fuerza de Voluntad está cercanamente relacionada con Razón, y Razón *siempre* está abierta a "razonar" y hablar las cosas. "Tienes razón", dice, "está muy feo para salir a correr. Sin duda, correrás el doble mañana". O: "Seguro, termina este trozo de tarta ahora, para que no tengas que volver a poner el plato en el refrigerador, y luego toma algo bien liviano para la cena. ¡Tiene sentido!". Razón siempre está dispuesta a arriesgarse por la ladera resbaladiza que lleva al fracaso.

Me he dado cuenta de que si realmente no quiero hacer algo, mi mente me da un montón de razones por las cuales no debo hacerlo.

Hasta mis emociones se suman, diciendo: "Estoy de acuerdo, porque de todas maneras no tengo ganas de hacerlo." Nuestra alma (mente, voluntad, emociones) adoraría dirigir nuestras vidas, pero la Biblia dice que debemos ser guiados por el Espíritu de Dios. Nunca se nos instruye que seamos dirigidos por nuestra fuerza de voluntad, se nos dice que debemos ser guiados por el Espíritu.

La fuerza de voluntad y la disciplina son importantes y vitalmente necesarias para una vida exitosa, pero la fuerza de voluntad sola no alcanza. La determinación hace que usted se prepare y arranque y la mantiene en movimiento por algún tiempo, pero nunca alcanza para llevarla hasta la meta.

> No con ejército, ni con fuerza, sino con mi Espíritu, ha dicho Jehová de los ejércitos.
>
> Zacarías 4:6

Ahora, ¿qué ocurriría si, en lugar de apelar a su fuerza de voluntad en el momento de necesidad, usted en cambio apelara a Dios? Dios soltaría su poder sobre su fuerza de voluntad y la energizaría para que la lleve a usted a la meta. La fuerza de voluntad no recibe el crédito por nuestro éxito, pero Dios sí. Jesús dijo en Juan 15:5: "Separados de mí nada podéis hacer". Esta es una de las lecciones más importantes y difíciles que debemos aprender para disfrutar la vida por la que Jesús murió para darnos. Cuando acudimos a algo o alguien antes que a Dios, Él es insultado y obligado a dejarnos fracasar para que podamos darnos cuenta de que "si Jehová no edificare la casa, en vano trabajan los que la edifican" (Salmos 127:1).

Debemos aprender a dejar que Dios haga el trabajo pesado. Dejar que Él nos provea la capacidad de energizar nuestras elecciones. Podemos elegir ejercitarnos o dejar de comer en exceso, pero nuestra elección sola no alcanza para lograr la victoria completa. Como dije antes, la fuerza de voluntad y la determinación la harán comenzar, pero es bien sabido que ellas abandonan a mitad de camino y nos dejan varados. Dios nunca nos deja.

En el mundo hay gente que dice ser autora de su propio éxito, pero si seguimos su vida hasta el final, suelen terminar destrozados. Dios no nos ha creado para que funcionemos bien sin Él, y cuanto más pronto lo aprendamos, mejor nos irá.

Comience por pedirle a Dios que se meta, que haga el trabajo pesado. Siga con Dios y termine con Dios. ¿Qué debemos hacer cuando las cargas de la vida parecen demasiado pesadas? Jesús dijo "vengan a mí".

Vengan a mí todos ustedes que están cansados y agobiados, y yo les daré descanso.

Mateo 11:28 (NVI)

Rompa sus cadenas

Sea su debilidad el comer en exceso, la adicción a sustancias, o simplemente un patrón de abandono en su apariencia personal, se encuentra atada e incapacitada para vivir la vida que Dios planeó para usted hasta que trate con estos aspectos de su vida. Dios tiene un plan maravilloso para usted, pero requiere que aprenda el poder que posee como hija suya y comience a ejercitarlo. Puede romper con todos esos viejos patrones destructivos y comenzar a vivir la nueva y excitante vida de libertad que Dios tiene para usted. Eso es una tremenda responsabilidad, y algunas personas la temen. La libertad es nuestro estado natural, pero si no la hemos experimentado en mucho tiempo, puede dar miedo. Un prisionero que se siente seguro en su celda puede elegir permanecer allí, aunque abramos de para en par las puertas para darle libertad. Su celda puede estar sucia y ser opresiva, pero no le importará, porque está acostumbrado a ella, y no desea aventurarse hacia lo desconocido. Sus cuarteles de confinamiento son la única realidad que conoce.

Al igual que ese prisionero, algunas personas prefieren soportar las ya conocidas torturas de las dietas, la falta de energía, la mala salud, la autoagresión y el agotamiento, antes que probar la libertad, ya que para ser libres deberían aprender a hacer todo de una forma totalmente diferente. El cambio es difícil para mucha gente. He descubierto que sólo una cosa asusta más que el cambio y es la idea de no cambiar jamás. El cambio genuino y permanente en relación con la verdad de por qué no nos cuidamos puede requerir de una introspección más profunda, y no todo el mundo está dispuesto a hacerla. Sólo la verdad nos hace libres (Juan 8:32), pero la verdad no es siempre fácil de enfrentar. De hecho, enfrentar la verdad sobre nosotros mismos es una de las cosas más valientes que podemos llegar a hacer.

¿Cuántas veces confundimos nuestras prisiones con refugios? Muchos de nosotros andamos por años, o incluso de por vida, bajo la esclavitud de nuestras ataduras, creyendo que nos está ayudando y preguntándonos por qué nunca logramos tener éxito o superarnos. La dieta nos ayuda a perder veinte libras (unos 10 Kg), aunque trastabillemos y debamos volver a comenzar. Podemos experimentar algún éxito temporal usando nuestros viejos métodos, pero lo que verdaderamente deseamos es la libertad permanente. Es mucho mejor ser libre del comer en exceso que vivir haciendo dietas constantemente, perdiendo veinte libras, recuperándolos, y volviendo a empezar el ciclo.

Cuando nos desalentamos respecto a la condición en que está nuestra vida o nuestro cuerpo, o luchamos por enésima vez para perder peso, esos primeros pasos pueden parecer los más difíciles del mundo. La carga de mejorar, y la inmensidad del recorrido que hay por delante, parecen insoportables. Una dieta con un corto plazo puede parecer más fácil que un cambio de por vida, pero nunca la hará libre. ¡El alivio temporal no es libertad! ¡Yo quiero ser libre!

La introspección, enfrentar la libertad y hacer los cambios necesarios pueden resultar insoportables en tanto que se proponga "cargarlos" usted misma. Las ataduras son demasiado fuertes, los poderes que se levantan contra usted son demasiado formidables. Sólo Dios es lo bastante fuerte para levantar ese peso. Pero si echa las cosas sobre Dios, la Fuente de Divina Fortaleza, usted tendrá por fin el poder que necesita para ser libre. Será llevada por el poder ilimitado del Espíritu Santo, en lugar de hacerlo con su propio limitado poder. Él siempre la conducirá hacia la libertad y la victoria.

Pero los que esperan a Jehová tendrán nuevas fuerzas; levantarán alas como las águilas; correrán, y no se cansarán; caminarán, y no se fatigarán.

Isaías 40:31

La ciencia lo detecta

Usted no tiene por qué creer mi palabra sobre la capacidad de Dios para ayudarla a tener éxito. Hasta la ciencia está comenzando *por fin* a convencerse de que la fe funciona. Estudio tras estudio lo prueban. Al monitorear las respuestas fisiológicas de las personas, los científicos han aprendido que la meditación y la oración disminuyen el ritmo cardíaco y la presión arterial y mejoran el funcionamiento del sistema inmunológico.

¿Qué pasa si dejamos que Dios nos ayude con nuestras metas? Bien, según estudios recientes, comparando con personas que no se congregan, los que asisten a alguna iglesia una vez a la semana tienen 39% más de éxito en dejar el alcohol y son 78% más exitosos en dejar de fumar. Realizan 54% más de ejercicio que quienes no asisten a iglesias y ¡son un colosal 131% menos propensos a deprimirse! (Y recuerde, esto viene luego de tomar en cuenta factores como el nivel socioeconómico. La única diferencia entre ambos grupos es su monto de fe.)

Pero si echa las cosas sobre Dios, usted tendrá por fin el poder que necesita para ser libre.

Al saber esto, tal vez usted no se asombre con el descubrimiento mayor: la esperanza de vida de quienes no asisten a iglesias es de setenta y cinco años, mientras que los asistentes semanales a iglesias tienen una esperanza de vida de ochenta y dos años; y los que se involucran más frecuentemente viven aún más. Un extenso estudio de la Universidad de Duke en adultos mayores encontró que quienes se encontraban comprometidos con la oración o los estudios bíblicos en sus casas eran un 47% menos propensos a morir durante los seis años que llevó el estudio que aquellos que no lo estaban.

Créalo o no, los científicos no pueden explicar *por qué* a aquellos que tienen fe les va mejor, son más sanos y viven más que a quienes no tienen fe. Mientras usted y yo sonreímos y meneamos la cabeza, ellos continúan con sus pequeñas teorías y estudios como ratas en un laberinto, sin ver el Elefante en medio de la habitación. Siguen buscando respuestas cuando La Respuesta se encuentra precisamente ante ellos.

Cinco maneras de entregar sus cargas

1. Pida

Le sorprenderá ver la enorme diferencia que se produce cuando usted invita directamente a Dios a obrar en su vida para que le ayude a resolver los problemas. Es asombroso ver cuán poca gente prueba realmente esto —¡incluyendo cristianos! Sólo necesita tomar el tiempo para aquietar su mente y abrirla a Dios. Pídale que sea su socio en su restauración personal. Pídale que la perdone por todos los años durante los cuales Lo ha ignorado y ha tratado de hacer todo sin su ayuda. Abra este "espacio para Dios" en su alma y perciba cómo Él se apura a llenarlo con gozo.

Hasta las personas más talentosas de mundo, con una enorme fuerza de voluntad, necesitan ayuda. Cuando el lanzador de los Red Sox (Medias Rojas) de Boston, Curt Schilling, se levantó la mañana en que comenzaba la Serie Mundial de 2004, su tobillo le dolía tanto que pensó que no podría lanzar. Entonces, contó Schilling, "fui al Señor y le pedí ayuda, porque sabía que no sería capaz de hacerlo solo". Casi sin poder caminar, Schilling hizo una de las más brillantes jugadas de su vida.

2. Asista a una iglesia

Algunas personas se las arreglan para mantener una relación muy especial con el Señor durante años, sin ayuda. Son pocos y dispersos. La mayoría de nosotros hallamos que ese refuerzo semanal de oración, educación, comunidad y espacio sagrado que obtenemos en la iglesia nos brinda una conexión mucho más fuerte. Si usted está luchando por lograr un contacto con Dios, y aún no ha intentado asistir a una iglesia, ¿qué está esperando?

3. Súmese a un grupo de apoyo

Existen grupos de apoyo para una serie de problemas, desde alcohol hasta drogadicción, pasando por compulsión a comer. Ellos pueden ayudarle a admitir que carece de poder para enfrentar su atadura y la animan a entregar su restauración a Dios. Si usted trabaja mejor cuando puede compartir su lucha con otros que están pasando lo mismo, la animo a que busque alguno de estos grupos. Incluso un grupo de amigas confiables que se reúnan una vez a la semana para tomar café puede ser de gran ayuda. Algunas personas se predisponen más a hacer ejercicios si asisten a una clase y lo hacen con otras personas. Si necesita apoyo de otros, no tema pedirlo.

4. Comience cada día con una afirmación positiva

Como primera cosa al levantarse por la mañana, antes de que toda la locura del día venga volando hacia usted, tómese unos momentos, renueve sus votos con Dios y refresque su espíritu con la fortaleza de Él. Esto le dará la paz mental y emocional que son la base del éxito. Puede redactar una afirmación que se dirija a su necesidad específica, o puede utilizar ésta que yo escribí:

"Dios, soy libre por el poder de tu Palabra. Creo que me has dado la fortaleza para ser libre de estas ataduras que me han sujetado sin permitirme disfrutar de todas las cosas preciosas que tenías planeadas para mí. Te agradezco porque soy libre por la sangre de Jesús y por el sacrificio que Él realizó en la cruz del Calvario. Gracias por hacerme libre a través de la verdad de tu Palabra y por darme poder con tu poder, fortaleza y sabiduría. Ayúdame a ser todo lo que tú quieres que sea. En el nombre de Jesús, amén."

5. Ore en los momentos de duda

Si importar quién usted sea, habrá ocasiones en que su determinación flaqueará, en las que estará dolorosamente tentada a abandonar alguna acción que es una de sus claves para mantener una vida saludable. Cuando sienta esto, no deje todo, pero tampoco acometa ciegamente la actividad. Dé un paso atrás, tómese un momento y llame a Dios para que venga a usted y la sostenga. Renueve su fortaleza en ese momento de calma, y luego siga adelante con una pasión, confianza y seguridad renovadas.

➤➤➤ HÁGALO ◄◄◄

"Pero sed hacedores de la palabra, y no tan solamente oidores."
(Santiago 1:22)

Elija al menos una acción que pueda hacer para caminar más cerca de Dios y comenzar a dejar que Él haga el trabajo pesado. Escríbala abajo, *comprométase a hacerla* y comience hoy.

Acción: _____

➤ CLAVE 2 ◄

Aprenda a amar su cuerpo

¿Qué sucedería si, cada vez que saliera, se encontrara con alguien que no le agrada? ¿No sería terrible? "Oh, no", pensaría usted, "ella otra vez". Usted va a una fiesta y tiene que soportar su conversación y sus opiniones. Va a la iglesia y allí está, sentada precisamente a su lado. "Qué plomazo tener que pasar tanto tiempo con esta persona", piensa usted. Entonces la cosa se pone peor. ¡Allí está, sentada a la mesa cenando con usted! Está holgazaneando al lado de la piscina, ¡incluso está en su cama! ¡Está en todas partes!

Eso suena bastante desagradable, pero es exactamente la situación en que se encontraría si no se gustara a sí misma, porque usted está en todas partes a donde va. No puede escapar de sí misma, ni por un segundo, y si teme su propia compañía le espera una vida muy triste.

Todo eso es bastante obvio. Pero, créalo o no, aunque todos estemos de acuerdo en que no tiene sentido vivir su vida de esa manera, me he dado cuenta de que la *mayoría* de las personas no se gustan a sí mismas. Quizás ni siquiera se den cuenta, pero la genuina introspección revela el triste hecho de que se han rechazado a sí mismos y, en algunos casos, hasta se odian. A través de los años, he conocido mucha gente por medio de mi ministerio y en la vida cotidiana, y me asombra saber cuán pocos realmente tienen paz consigo mismos. Por el contrario, se han declarado la guerra, y la causa, con bastante frecuencia, es el cuerpo.

¿Cómo podemos tantos de nosotros odiar nuestros cuerpos, nuestros fieles siervos que están aquí para ayudarnos a ser todo lo que Dios quiere que seamos mientras estemos sobre la Tierra? Se me ocurre un número de factores, con todos los cuales he estado familiarizada al menos en forma pasajera.

1. Abuso en la niñez. Todos nacemos con una actitud cariñosa hacia nuestro cuerpo. Los niños pequeños disfrutan instintivamente de sus cuerpos; los cuidan y los protegen. Nunca piensan en la apariencia de sus cuerpos hasta que crecen. Pero este entendimiento natural de que el cuerpo es bueno se trastorna por los mensajes negativos y el maltrato. Lo sé de primera mano. El abuso físico y emocional que sufrí cuando niña me decía a las claras que mi cuerpo era malo y que yo no valía nada. Cuando las únicas experiencias que usted tiene le causan dolor y malestar, aprende a odiar su cuerpo como el origen de tales sentimientos. Desearía que su cuerpo no existiera. Hasta hay momentos en que desea castigar a su cuerpo por las cosas malas que "él" le hizo. Como fui abusada sexualmente, veía mi cuerpo como la causa de mi sufrimiento emocional. Solía pensar que si no fuera una niña el abuso no sucedería. Como adolescente, siempre fui "rellenita". No era extremadamente gorda, pero sí lo suficiente como para que burlaran de mí y me hicieran sentir aún peor de lo que ya me sentía.

Aunque usted crece y el abuso se detiene, el desprecio y el asco que siente hacia su cuerpo permanecen. Y cuando no vive en armonía con el cuerpo, se desarrolla todo tipo de malas situaciones. No hace ejercicios, porque eso significa estar "demasiado cerca" de su cuerpo. (O hace ejercicio físico excesivo, como una forma de encoger su cuerpo y hacerlo desaparecer.) No quiere sustentar su cuerpo con buena comida, lo que puede llevar a desórdenes alimentarios tales como la anorexia (matarse de hambre) o la bulimia (darse una comilona y purgarse).

Algunas mujeres sexualmente abusadas aumentan mucho de peso intencionalmente para asegurarse de que los hombres no las encuentren atractivas. No quieren ser deseadas por su cuerpo. Otras simplemente no quieren cuidarse porque sienten que no valen la pena. Los malos ejemplos son otro problema. Sus modelos de conducta pueden haber tenido problemas internos que no les permitieron cuidar su propia salud, y usted sólo está repitiendo lo que vio hacer al otro.

El abuso no tiene que ser sexual o físico para causar estos problemas. Las figuras de autoridad o incluso los pares son perfectamente capaces de machacarnos el mensaje de que somos malas e inútiles y de que nuestro cuerpo es feo y malo. Hasta que afronte sus sentimientos y halle paz, estará en un constante estado de lucha consigo misma, y experimentará el estrés, trauma y agotamiento que causa esa lucha. Dios quiere que esté en paz consigo misma.

Todo el que tiene una raíz de vergüenza respecto de quién es en la vida se irá envenenando desde adentro hacia afuera. Esa raíz venenosa debe ser reemplazada por el amor y la aceptación incondicional de Dios. Debemos aprender a amarnos de forma equilibrada y aceptar quiénes somos en este momento.

2. Interpretación errónea de las enseñanzas bíblicas. Es cierto que la Biblia nos dice que debemos resistir a la carne y abrazar el espíritu, ¡pero eso no significa que debamos odiar la carne! La carne es débil, el espíritu es fuerte, y por eso necesitamos la fortaleza del espíritu para guiar amorosamente a la carne. Sin embargo, hay demasiada gente que cree que estaría bien de no ser por esa carne odiosa que los tienta y los confunde. Culpan al cuerpo por interferir con su desarrollo espiritual, y desearían poder deshacerse de él. Olvidan que es el templo del Espíritu Santo. La gente en el mundo no puede ver mi espíritu. Todo lo que ve es mi cuerpo, y si voy a difundir el amor de Dios, ¡será mejor que use mi cuerpo para hacerlo! Mis manos deben ser las manos de Jesús; mis pies, sus pies; y mi boca, su boca. Romanos 12:1 nos enseña que debemos ofrecer nuestro cuerpo como sacrificio vivo para que Dios lo use. No odie su cuerpo, ¡úselo para traer gloria a Dios!

3. Mensajes de los medios. ¿Se parece usted a las modelos que ve en las revistas y carteleras, o a las actrices de la televisión y las películas? ¡Yo tampoco! Son increíblemente hermosas, extremadamente delgadas, y sospechosamente altas. Su cabello, dentadura y piel son perfectos. Es imposible tratar de competir con eso. Pero me complace decir que he llegado a una etapa de mi vida en la que ya no lo espero, y ni siquiera lo deseo. He aprendido que esa clase de belleza a menudo se debe a mucha ayuda de fuentes externas. Para que las modelos luzcan tal como se ven en las tapas de las revistas, se usan muchos "trucos del oficio". Trucos tales como iluminación, maquillaje, y retoques computarizados son necesarios para crear las ilusiones que vemos todos los días: ilusiones de gente perfecta que tienen cero relación con la vida real. Veinticinco años atrás, la modelo promedio pesaba un ocho por ciento menos que la mujer promedio (y era un poco más alta). Hoy, con 5' 10" (1.78 m) y 114 libras (51.7 Kg), la modelo promedio es 6" (15 cm.) más alta que la mujer común pero pesa veinticinco por ciento menos. ¡No se pase la vida compitiendo con una ilusión! ¡No viva con la agonía de expectativas irreales!

Aunque sabemos estas cosas, el mensaje insidioso se sigue infiltrando en nuestro subconsciente, diciéndonos que deberíamos lucir como esas modelos y actrices, antes que como los miles de personas comunes que vemos todos los días. Y considerando el abismo insalvable entre la apariencia de las modelos y la nuestra, parece que ni siquiera tiene sentido intentarlo. Queremos darnos por vencidas. ¿Para qué hacer ejercicios si nunca voy a medir 5' 10" (1.78m) y jamás voy a pesar 120 libras (54 Kg)? ¡Tráiganme un buen helado! ¿Ha observado que los personajes de la televisión se despiertan a la mañana con el maquillaje puesto, y que lucen mejores que la mayoría de nosotras cuando salimos a la noche? No son como la mujer de la que me enteré, cuyo prometido nunca la había visto sin maquillaje. A la mañana siguiente de la noche de bodas él despertó y se quedó horrorizado al encontrar el rostro de ella sobre la almohada y ver que alguien bastante aterrador lo miraba fijo.

Me las arreglo para verme bastante bien a la hora de salir, pero le aseguro que no me despierto "lista para salir en cámara". Tengo que prepararme, al igual que los demás. La buena noticia es que estoy contenta y dispuesta a usar lo que tengo y hacer lo mejor posible con eso.

Los medios no tratan de hacernos sentir mal. Saben que todos se sienten atraídos por la belleza, así que intentan vender sus productos mostrando tanta belleza como sea posible, aunque sea ficticia. El verdadero culpable que nos hace sentir mal es el ego, la parte de nosotros que encuentra sentido cuando nos comparamos con los demás. El ego es lo opuesto del espíritu, porque no mira lo interior para nada. Si tenemos una casa más grande, mejores piernas, o hijos más exitosos que la gente que nos rodea, entonces el ego se siente bastante bien. Le gusta cuando somos más inteligentes que otros. Pero el problema con el ego es que siempre hay alguien más inteligente, más rico o más lindo que nosotras —especialmente cuando nos comparamos no sólo con la gente de nuestro vecindario, sino también con la de la televisión. Entonces el ego siempre puede buscar algo con lo cual sentirse mal. El ego nunca está satisfecho.

Las enseñanzas de Cristo son las mejores que conozco para aprender a ignorar el ego (la carne) y abrazar el espíritu. Son las que a mí me dieron resultado. Como dice 1 Corintios 1:27-29 (NVI):

> Pero Dios escogió lo insensato del mundo para avergonzar a los sabios, y escogió lo débil del mundo para avergonzar a los poderosos. También escogió Dios lo más bajo y despreciado, y lo que no es nada, para anular lo que es.

5 - 5 - 14

Dios escoge lo que el mundo desecha como inservible. No hay casos perdidos, no hay gente inservible a los ojos de Dios. Cada una de nosotras es su especial creación. No somos un accidente y si le damos la oportunidad, Él restaurará todo lo que está dañado y nos ayudará a ser alguien tal que estemos contentas de serlo.

El ego se fortalece en la competencia y en la lucha por ser primero, pero ¿qué sentido tiene competir? ¿Qué le da a cambio? No le da satisfacción. No le da gozo. No le puede dar lo más importante: la salvación eterna y la paz con Dios. Para obtener eso, debe abandonar el ego y abrazar el espíritu y, frecuentemente, a quienes menos les cuesta hacerlo no son los ricos o los poderosos, sino los mansos. Éstos saben que no son nada sin Dios y no tienen ningún problema con eso. Son los que Dios ha escogido para obrar a través de ellos. En lugar de competir, el espíritu se hace fuerte en la cooperación y el amor, porque el único propósito verdadero es conocer a Dios, y después ayudar a otros, por medio del amor, a hacer lo mismo.

Yo estoy en paz con mi cuerpo. Lo amo. Lo sustento, y él me sustenta. No siento ninguna necesidad de parecerme a una modelo. Esas modelos a menudo descubren, de todos modos, que su belleza es más una carga que una bendición, porque deben vivir con el temor constante de perderla. Tengo sesenta y tres años, y simplemente espero que mi cuerpo refleje lo que soy: una mujer saludable, feliz y de sesenta y tres. Creo firmemente en usar lo que tenemos para trabajar y hacer con ello lo mejor que podamos. Trato de lucir lo mejor posible pero no me dejo presionar por expectativas irreales.

4. *La industria de la belleza.* La industria de la belleza puede ser aún más peligrosa para nosotras que los medios, si no nos gustamos. Los medios la hacen sentir mal mostrándole gente extraordinariamente hermosa. La industria de la belleza —que incluye los productos de belleza, productos para adelgazar y comidas dietéticas— necesita hacerle sentir que sin su producto usted no puede ser lo que debería. Aunque algunos de ellos son excelentes y pueden ayudarnos, no podemos permitir que nos engañen haciéndonos creer que todo cuanto necesitamos es una crema más, la dieta más popular del momento, o una píldora que nos promete que podremos comer todo lo que queramos y que aun así bajaremos de peso de un día para el otro mientras dormimos. No caiga en la trampa de creer que siguiendo los consejos de la industria de la belleza va a ser hermosa.

Lo cierto es que usted ya es hermosa a los ojos de Dios, y si se acepta a sí misma y sigue los principios de Dios, su aspecto exterior mejorará sistemáticamente. Hoy me veo mejor que veinte años atrás. Me preocupo menos y soy más feliz; por tanto, luzco más fresca.

Dios la ama. Él quiere que reciba su amor y que se acepte a sí misma. Cuídese mejor empezando hoy mismo. Si tiene una buena relación con Dios y conoce su valor, no se desesperará por tener la nueva crema, píldora o programa de belleza.

Si de veras siente que un programa o producto la ayudará, entonces, ¡adelante!, pero no trate de probar desesperadamente todo lo que existe, pues sólo experimentará fracaso tras fracaso y acabará sintiéndose peor respecto de sí misma que cuando empezó.

¿Qué podemos decir de la cirugía estética? Cada vez es más popular e incluso económicamente accesible. ¿Está bien o mal? Si nos hacemos una cirugía estética, ¿significa que tenemos una autoimagen pobre? ¿Significa que somos vanidosas? Déjeme empezar por decirle que me sometí a algunos procedimientos en el rostro y no lo hice porque me sintiera insegura. Mi tarea de difundir la Palabra de Dios requiere que esté en televisión. Para hacerlo con confianza, necesito lucir lo mejor posible. Oré al respecto por largo tiempo y sentí que Dios me dio la libertad para hacerlo si así lo deseaba.

Pienso que la gente no debería irse al extremo y creer que la cirugía estética puede resolver todos sus problemas. No importa cuántos liftings o liposucciones tenga, sigue siendo usted; si no le gusta quién es, no se sentirá mejor que antes del procedimiento. Sin embargo, no creo que esté mal que haga lo que pueda para ayudarse a sí misma. Si una persona tiene los dientes torcidos, no duda en hacérselos arreglar. Conozco a una mujer que tenía grandes bolsas en los ojos y las cejas muy caídas. Después de la cirugía, parecía diez años más joven y mucho más renovada y feliz. Recomiendo que ore respecto de todo y que no haga nada a menos que sepa que su motivación es correcta y que sienta paz al hacerlo.

5. *Edad y enfermedad.* Usted puede crecer en un ambiente donde le brindan afecto y apoyo, sentirse a gusto con su apariencia y ser inmune a los hechizos de la industria de la belleza, y aun así dejar de querer a su cuerpo a medida que envejece. Su nivel de actividad disminuye, su metabolismo es más lento, engorda algunas libras, nota que sus articulaciones crujen, y de pronto todo el mundo parece más joven, más ágil, y más delgado que usted. Y es peor si tiene un trabajo y un estilo de vida que no alientan el ejercicio. Comienza a resentirse con su cuerpo y sus límites.

Si no quiere empezar a odiar su cuerpo, debe permanecer activa, tema que trataremos en la Clave 4: Haga ejercicio, pero es necesario que usted desarrolle una imagen realista de cómo debería sentirse y lucir en esa etapa de la vida. Las de cincuenta no deberían intentar parecerse a las de veinte, ni esperar sentirse necesariamente como ellas.

La edad no hace la diferencia. En realidad, puedo decir que me siento mejor ahora que veinte años atrás, porque aprendí a cuidarme, pero debo ser sincera conmigo misma y decir también que no tengo la vitalidad que tenía hace veinte años.

Mi esposo Dave es muy saludable, ha hecho ejercicio la mayor parte de su vida, tiene un corazón fuerte y se siente bien la mayor parte del tiempo. Tres años atrás todavía iba dos veces al año a jugar golf con sus amigos y jugaba cincuenta y cuatro hoyos en un día durante cuatro días seguidos. Hace dos años, notó que le costaba cada vez más recuperarse de esas salidas y finalmente decidió que por su edad no debería jugar más de treinta y seis hoyos de golf por día durante los cuatro días. Dave tiene sesenta y seis años; ¡jugar treinta y seis hoyos de golf por día durante cuatro días cuando hace calor es extraordinario! Pero él tampoco puede hacer todo lo que hacía antes.

Yo solía pesar 135 libras (63 kilos), y en algún momento cuando estaba cerca de los sesenta, aumenté 6 libras (2.7 Kg) y me mantuve así hasta ahora. Mi metabolismo disminuyó y ya no las pude bajar. No estoy saltando de alegría por eso, pero lo acepto. Realmente tendría que privarme de lo que me gusta para perder esas libras y no volver a engordar. Mi cuerpo y mi salud parecen estar bien donde estoy, por eso he decidido que prefiero vivir con esas 6 libras que privarme de comer las cosas que me gustan. Mi cuerpo también está hecho para vestir talla ocho para la parte de arriba y talla diez para la de abajo. Siempre he sido así. Hay muchos trajes hermosos que no puedo comprar porque no vienen en tallas separadas. Podría comprar dos trajes y usar lo que necesito, pero entonces sentiría que debería encontrar a alguien con talla diez para la parte de arriba y ocho para la de abajo, ¡para no sentirme derrochadora! La situación me frustraba, por lo que decidí: "¡Es lo que es!" Ahora casi siempre me río al respecto —y es muy importante que tenga el hábito de reírse, especialmente a medida que envejece.

Si tiene pies más grandes de lo que le gustaría, o su cuerpo no es perfectamente proporcionado, o es más baja de lo que desearía ser, no permita que eso la frustre otra vez. Decídalo en este mismo momento: "¡Es lo que es!" Voy a ser feliz con lo que tengo y haré lo mejor posible con esto.

Éstos son algunos de los factores más importantes que hacen que dejemos de querer a nuestro cuerpo, y pueden resultar difíciles de ignorar. ¡Pero eso no quiere decir que quede eximida de su responsabilidad! Ni por un segundo. Es absolutamente esencial que, para su salud física y espiritual a largo plazo, venza esas actitudes no saludables hacia usted misma o hacia su cuerpo. Y si aún no tiene las herramientas para hacerlo, las tendrá cuando acabe de leer este libro.

> *Nunca olvide que Dios quiere que ame su cuerpo y se ame a sí misma.*

Nunca olvide que Dios quiere que ame su cuerpo y se ame a sí misma. Él lo *espera*, sin importar cuáles sean los mensajes que el mundo le haya dado. Como dice la Biblia: "No se amolden al mundo actual, sino sean transformados mediante la renovación de su mente" (Romanos 12:2, NVI). Piense acerca de sí misma de una manera nueva. Decida ser la mejor "usted" que pueda, y deje de intentar ser lo que el mundo dice que debería ser.

El mundo puede decirle muchas cosas. Le susurra falsedades al oído, muchas de ellas crueles. También cambia sus opiniones y modas de un mes para el otro. Si empieza a hacerle caso, está perdida. Su amistad consigo misma se perderá. Pero si, por el contrario, se ve a sí misma como Dios la ve, no solamente se amará, también tendrá la confianza y la fe para ser una fuerza poderosa para el bien en este mundo.

Cinco maneras de cultivar su autoestima

1. No persiga su juventud.

Como ya he dicho, a los sesenta y tres me siento estupendamente —lo que demuestra que cosas tales como la energía, la salud y la felicidad no tienen por qué disminuir con la edad— pero parte de mi satisfacción viene porque me siento a gusto con quién soy. He logrado ser yo misma. No añoro mis veinte años, en parte porque de todas formas no me gustaron, ¡y en parte porque no importa si me gustaban o no! ¡Aquí estoy ahora, y he elegido vivir el hoy!

La gente que añora su juventud nunca está satisfecha, porque cada día la juventud se aleja un poco más. No desprecie el hecho de envejecer, porque si vive no podrá evitarlo. Es mucho mejor disfrutar lo que es ahora y tratar de vivir y lucir en forma apropiada para alguien como usted. Buscar modelos de conducta también ayuda. Creemos que las mujeres de cincuenta o sesenta no necesitan modelos de conducta, ¡pero sí! Todos los necesitamos.

Piense en algunas de las personas que más admira en el mundo. Haga una lista. ¿Cuántas actrices de veinte y algo están en esa lista? No muchas, me imagino. Entonces ¿por qué tratar de mantenerse a la par de ellas, de verse como ellas? Se sentirá mucho más feliz y más fructífera si toma como modelo las vidas de aquellas personas a quienes realmente desea imitar. Billy Graham es un buen modelo de conducta para mí, y sinceramente puedo decir que jamás me preocupó cuánto pesa o cuántas arrugas tiene. Lo admiro por su espíritu, compromiso, logros y dedicación a Dios y al llamado en su vida.

¡Celebremos las diferencias! Tengo una amiga que come tanto como yo y pesa noventa y tres libras (42 Kg). Tengo otra amiga que come menos que yo y pesa más. Todas somos distintas. Edades distintas, metabolismos distintos, y estructuras óseas distintas. En lugar de enojarme porque no tengo la estructura ósea de otra persona, tomé la decisión de disfrutar del hecho de que todas somos únicas, y que mi amiga puede comer como un caballo y mantenerse delgada como un alfiler. Qué aburrido sería si todas fueran exactamente iguales a mí.

En algunas culturas, tales como las de África o del Tibet, la vejez no es temida, se la espera ansiosamente. La gente desea que llegue el momento en que todo el trajín de la vida —escuela y carrera y crianza de los hijos y adquisición de la casa— han quedado atrás, y así concentrarse en las cosas importantes: el crecimiento espiritual, y disfrutar de la vida y la familia. El descontento es uno de los grandes gigantes que debemos vencer si deseamos disfrutar de una vida plena. El descontento con la apariencia, edad, posición, posesiones y todo lo demás que nos hace ingratos con lo que tenemos en el presente. Quizás no tengamos todo lo que nos gustaría, pero es cierto que tenemos más que otras personas. Sin importar lo que piense de su aspecto físico, hay alguien al que le gustaría ser como usted. Sin importar qué edad tenga, hay alguien de más edad al que le encantaría ser joven como usted. Cobre ánimo y saque el mayor provecho de las cosas. Ámese a sí misma y ame su vida; ¡es la única que tiene!

2. Aprenda a recibir el amor de Dios

Nada me frustra más que la gente que no sabe aceptar regalos. Es un gozo para mí expresar mi amor o aprecio a alguien dándole un regalo que sé que le va a gustar. Pero si la respuesta es: "No, no, no puedo aceptarlo", o "En serio, no tenías que molestarte", o "No, devuélvelo", entonces eso le roba todo el gozo al momento. Resulta sumamente incómodo si tiene que forzar a alguien para que acepte un regalo. Quizás hasta se pregunte si directamente no debería haberle ofrecido el regalo.

Aceptar un regalo con gentileza es producto de la seguridad interior. Los que se sienten incómodos cuando reciben un regalo por lo general tienen una inseguridad profundamente arraigada que les impide aceptar la amabilidad de otros. Se sienten tan poca cosa que no pueden creer que merezcan algo. O les preocupa que quizás el regalo los ponga en el compromiso de corresponder a esa persona. Prefieren rechazar el gesto antes que entablar una relación.

En mi vida y trabajo he tenido oportunidad de dar muchos regalos, y también de recibir algunos. Cuando esto sucede, lo aprecio genuinamente y se lo digo a la gente. Sea una dadora y espere que Dios la bendiga por medio de otros. Cuando lo hagan, diga "gracias" y acepte gentilmente ese gesto.

El mayor regalo que nos pueden dar se nos ofrece a cada una de nosotras cada día, pero pocas tenemos la fe y autoestima para aceptarlo. Dios nos ofrece su amor. Todo lo que tenemos que hacer es abrir nuestros corazones y tomar la decisión de recibirlo. Y a su vez nosotros se lo pasamos a otros. Recibir el amor de Dios es un paso importante porque no podemos amar a otros sin él. No podemos dar lo que no tenemos.

Como verá, recibir es una acción. No es algo pasivo. Debe tomar la decisión de estirar la mano y agarrarlo. Piense en un receptor abierto que ataja un pase de fútbol americano. No lo llaman el *objetivo abierto*. Él no está allí parado esperando que el mariscal de campo le ponga el balón en la mano. No, él *quiere* ese balón. Lo busca como un perro va tras un hueso. Hará cualquier cosa por conseguirlo.

Así es como debe recibir el amor de Dios. Sea apasionada. Búsquelo. Estúdielo. Medite en él. Al buscarlo con entusiasmo, recibirá en lo profundo de su corazón una revelación que cambiará su vida.

Durante años traté desesperadamente de ser una buena cristiana, de dar mi amor a otros y hacer que me amaran para ayudar a llenar el vacío que sentía dentro de mí. Pero nunca funcionó. No podía entender por qué, y me frustré conmigo misma y con los demás. ¿Por qué no podía vivir con amor? ¿Por qué la gente no me daba el amor que necesitaba? Entonces finalmente me di cuenta de que nunca había recibido el amor de Dios: nunca había tratado de alcanzarlo. Nunca me había gustado yo misma; me sentía indigna de cualquier regalo, ¡y ciertamente más de uno tan inmenso como el amor de Dios! Hice el compromiso, abrí mi corazón, y permití que Dios entrara a toda prisa con su amor sanador. Sólo entonces puede amarme a mí misma, vivir en su perfecto amor y disfrutar de él, dar mi amor a otros, y sentir cómo ese amor volvía a mí multiplicado diez veces.

3. Concéntrese en el viaje, no en el punto de llegada

Ya conoce la rutina. Carga a los niños en la furgoneta para el largo viaje a la casa de la abuela o a Disney World, y cinco minutos después de salir empiezan: "¿Ya llegamos?" Recuerdo que cuando era niña sentía que tardábamos una eternidad para llegar a algún lado; estaba tan ansiosa por llegar a destino que las horas de viaje en auto eran una tortura. Como adulta continué con esa misma actitud equivocada y pasé muchos años miserables sin disfrutar el lugar donde estaba porque estaba demasiado concentrada en el punto de llegada. Por fin aprendí que la vida consiste en el viaje, no en la llegada, y entonces el viaje se convirtió en algo mucho más divertido. El tiempo no pasa más rápido si nos frustramos por la demora, así que deberíamos aprender a "esperar bien".

En nuestro trayecto hacia la meta de vernos estupenda y sentirnos fabulosa, también debemos disfrutar del paseo. Lo que importa no es dónde está usted, o cuán lejos está su destino, sino la dirección hacia donde va. Si vive en Nueva York y va a Disney World en Florida, tiene un largo camino por delante, pero llegará allí, sin duda, mientras se mantenga en dirección al sur. Por otra parte, otra persona puede estar en Orlando, mucho más cerca de Disney que usted, pero si se dirige hacia el norte, nunca llegará allí. Póngase contenta de saber que va en la dirección correcta. Leer este libro ya es un paso en la dirección correcta, así que siga adelante y siéntase bien por esto.

Lo importante no es cuánto pesa hoy, o cuán lejos puede correr, sino que está progresando. Si su meta es adelgazar cincuenta libras (aprox. 23 Kg) y la primera semana adelgaza dos, ¿debería desanimarse porque pesa cuarenta y ocho libras (22 Kg) más de lo que quisiera? No. Usted dice: "¡Aleluya, qué gran semana!", y continúa con su plan.

Esté orgullosa del hoy. No vaya más allá. No mire cuánto queda por recorrer, sino cuán lejos ha llegado. Como dijo Jesús: "No se angustien por el mañana, el cual tendrá sus propios afanes. Cada día tiene ya sus problemas" (Mateo 6:334, NVI). Haga todo lo posible para que el día sea un éxito, y cuando esto suceda, permítase sentir por la noche una profunda satisfacción.

Piense en sus logros antes que en sus fracasos. Quizás hoy comió un poco demás, pero la buena noticia es que no comió tanto como acostumbraba antes de comenzar esta nueva travesía hacia la salud y la plenitud para toda la vida. Quizás intentó caminar treinta minutos, pero empezó tarde y sólo pudo caminar veinte. No sienta que es un fracaso y que debería haber hecho más; recuerde cuando no hacía nada de ejercicio y siéntase feliz por el progreso. Mantener esa actitud positiva al respecto generará más progreso.

Deje que sus días estén colmados de buenas decisiones, comida sana, mucha actividad, y buenos pensamientos. Entonces su cuerpo y alma serán saludables, sanos y virtuosos. No se concentre en su cuerpo, concéntrese en el día. Tenga un buen día, y mañana podrá disfrutar más, lo que la llevará a tener un día todavía mejor. Mientras disfruta del trayecto, pronto descubrirá qué fácil es amarse y afirmarse a sí misma.

4. Conozca los hechos

Lo más probable es que usted se aproxime al promedio más de lo que cree. Aquí tiene alguna información que la ayudará a entender que no todo el mundo es flaco como una alfiler con tres por ciento de grasa corporal

La mujer promedio en los Estados Unidos mide 5'4" (1.63 m) y pesa 152 libras (69 Kg). Usa talla doce. ¿Sorprendida? Entonces únase al club de la Imagen Distorsionada. Siempre animo a las personas a ser excelentes, no promedio. Pero observar la norma puede ayudar a que nos demos cuenta de que nuestra condición no es tan mala como pensábamos. En los Estados Unidos parecemos estar obsesionados por el peso; sin embargo, el estado físico debería ser para nosotros más importante que las libras (o kilos). Hay mucha gente flaca que están en pobre condición física, mental, emocional y espiritual. Si tuviera que elegir entre tener diez libras (4.5 Kg) de sobrepeso y ser feliz, o tener diez libras menos y ser miserable e infeliz, elegiría las libras de más. Ya le he contado que peso seis libras (2.7 Kg) más de lo que acostumbraba y seis libras más de lo que quisiera, pero me niego a obsesionarme con eso. Quizás usted piense que ni siquiera vale la pena mencionarlas, pero la situación de cada persona es importante para él o ella. Si lo permito, mis seis libras podrían molestarme tanto como a otra le molestarían sus cincuenta libras.

Con esto no quiero decir que podemos estar excedidas de peso y que no nos tiene que importar. Lo que estoy sugiriendo es que debemos estar más preocupadas por la salud que por el peso. Creo firmemente que si nos concentramos en tener una buena salud, finalmente tendremos el peso adecuado para nosotras como individuos.

En un estudio del Cooper Institute for Aerobics Research (Instituto Cooper para la Investigación sobre el Aerobismo) en Dallas siguieron a 22,000 hombres durante ocho años y descubrieron que el riesgo de muerte estaba relacionado con el estado físico, no con el peso. Los hombres que estaban en forma aunque algo excedidos de peso no tenían más chances de morir que los que estaban en forma y gozaban de un peso normal, mientras que los hombres que no estaban en forma aunque con peso normal tenían el mismo riesgo de morir que los que no estaban en forma y sí estaban excedidos de peso. La razón por la que hemos estado confundidas sobre este tema durante años es porque la gente que está en forma con frecuencia tiene un peso normal, pero los beneficios —salud, larga vida, mucha energía— vienen por estar en forma, no por el peso.

Vivimos en una época en la que ser delgada está de moda, y donde nuestras actitudes hacia la gordura rayan en la histeria. Adelgace si siente que lo necesita, pero no permita que nadie le diga que su peso no es saludable o que no es normal, si no es así. Y de ningún modo permita que unas pocas libras le impidan amarse y aceptarse a sí misma.

Recuerde, esto no es una licencia para ignorar cuál es su peso, sino una invitación para que deje de obsesionarse con eso. Concéntrese en estar saludable y en forma porque disminuye significativamente el riesgo de sufrir problemas de salud con riesgo de muerte, la hace sentirse bien, y reduce el riesgo de muchas enfermedades, como discutiremos después.

Pasé la mayor parte de mi vida deseando ser flaca sin importarme si estaba sana o no. Durante el proceso no fui ni flaca ni sana. Desde que aprendí a concentrarme en la salud, mi peso se ha mantenido, libras más o libras menos, dentro de un rango de peso normal.

Ésta forma de pensar puede ser nueva para usted, pero sinceramente creo que es importante para su éxito. Conozco una mujer que ha pasado la mayor parte de su vida adulta batallando con su peso, y recientemente me contó que se sentía totalmente harta de pensar en su peso todo el tiempo. Dijo: "Quiero ser saludable y creer que si lo soy, entonces voy a pesar lo que se supone que tengo que pesar". Bien por ella; ahora tiene una forma de pensar que finalmente la guiará a la victoria.

5. Vea su cuerpo como un amigo

Si su cuerpo es más grande de lo que a usted le gustaría, con achaques y dolores que ya la tienen cansada, no lo trate como a un enemigo. Si lo hace, es probable que nunca vea progreso en las áreas que desearía mejorar. Si tuviera una amiga enferma o necesitada, haría todo lo posible por ayudarla. Ésa es precisamente la actitud que debería tener para con su cuerpo. Si no es lo que usted quisiera que sea, haga todo lo posible por ayudarlo; no lo desprecie ni luche contra él.

Culpamos a nuestro cuerpo de muchas cosas de las que no es responsable. Después de todo, ese cuerpo es producto de lo que hemos puesto en él y de la forma en que lo hemos tratado por años y años. Yo no culparía a mi automóvil por caerse a pedazos si cargué el tanque con pegamento en lugar de gasolina. Tal vez deberíamos disculparnos con nuestro cuerpo por haberlo maltratado. Cualesquiera sean los problemas que tengamos, la culpa es nuestra, no de nuestro cuerpo. Tomamos malas decisiones que sólo nosotros podemos revertir. Acepte hoy su cuerpo como amigo y compañero para toda la vida, y comience a desarrollar con él una relación que encontrará gratificante.

➢➢➢ HÁGALO ⋘⋘⋘

"Pero sed hacedores de la palabra, y no tan solamente oidores."
(Santiago 1:22)

Elija al menos una acción que puede poner en práctica para cultivar su autoestima. Escríbala abajo, *comprométase a cumplirla*, y comience hoy mismo.

Acción: _____

➤ CLAVE 3 ◄

Domine su metabolismo

El secreto del peso estable

¿Ha deseado alguna vez ser dueña de una obra maestra, como una pintura original de Van Gogh o Monet? Quizás piense que nunca podría comprar una obra semejante, pero lo cierto es que nació con una. El cuerpo humano es la obra maestra de Dios. Y parte de lo que lo hace tan especial es su asombrosa versatilidad. Usted fue hecha para sobrevivir en toda clase de situaciones, por lo cuál su cuerpo es tan adaptable. Si toma demasiado sol, su cuerpo automáticamente crea pigmento extra en su piel para protegerla. Si usa los músculos todos los días, su cuerpo comienza a hacerlos más grandes para ayudarla. ¡Qué sistema!

Una forma en la que su cuerpo se adapta constantemente es por medio del *metabolismo*. Oímos ese término todo el tiempo. Si vemos a una mujer delgada que siempre está llena de energía, o a un hombre que come como un caballo pero que jamás engorda un gramo, decimos que esa persona tiene un metabolismo rápido. De las personas que tienen menos energía y engordan fácilmente, suele decirse que deben tener un metabolismo lento. Pero ¿qué entendemos realmente por metabolismo? ¿Y cómo afecta nuestra talla y nivel de energía?

El metabolismo es sencillamente el proceso por medio del cual nuestro cuerpo descompone, o *metaboliza* los alimentos y los convierte en energía. Toda nuestra energía proviene de los alimentos que ingerimos (a pesar de lo que ciertas pastillas y suplementos puedan afirmar). Literalmente quemamos la comida para propulsarnos, así como su automóvil quema gasolina para andar. Pero recuerde, el cuerpo es una obra de arte, aun mucho más sofisticada que el Mercedes más hermoso. Podemos quemar toda clase de cosas como combustible, desde un pollo o una papa hasta hojas de lechuga. Y podemos quemar ese combustible a ritmos muy diferentes, desde extremadamente rápido, precipitándose por la autopista a toda velocidad, a muy lento, avanzando lentamente en primera.

Ése es el peligro. Cuando su metabolismo se siente perezoso, quiere decir que usted se mueve pesadamente, estancada en primera. No está quemando mucha energía, lo que significa que no *tiene* mucha energía. No es divertido estar en ese lugar —para su cuerpo o su cerebro. Se siente deprimida, poco inspirada. Le cuesta bastante despertarse, mientras que otros parecen pasar como un bólido delante de usted.

Si no está usando mucha energía pero aún sigue "llenando su tanque" con tanta comida como de costumbre, está en problemas. Si carga más gasolina de lo que acostumbra, lo que ponga de más hará que rebalse el tanque. Pero recuerde, su cuerpo es mucho más sofisticado que su automóvil. Tiene un sistema increíblemente flexible para almacenar todo el combustible posible. Millones de células especiales flexibles en todo el cuerpo se hinchan para almacenar el combustible extra, guardándolo para después. Es como si su automóvil tuviera tanques de goma inflables en todas partes que se pueden llenar con cantidades ilimitadas de gasolina.

Excelente sistema, ¿verdad? Bueno, sí, pero quizás no piense así cuando le diga el nombre de esas células: células grasas. La grasa es una forma sumamente eficiente de almacenar energía para después. Su cuerpo puede convertir cualquier clase de alimento en grasa, almacenarla, y luego convertirla nuevamente en energía para usarla cuando lo necesite.

No culpe a su cuerpo. Vivimos en un periodo muy inusual en la historia, en donde los alimentos son abundantes y la mayoría de nosotros (al menos en el mundo desarrollado) comemos más de lo que necesitamos. Pero hasta que se inventaron las técnicas modernas de cultivo, las fábricas y los vehículos modernos para distribuir los alimentos, el hambre era una situación común. Nuestros ancestros se preocupaban más por el hambre que por qué hacer con un excedente. Ésa puede ser una de las razones por las que, cuando estamos frente a una pila de costillitas que sobraron, tenemos un instinto natural de comer de más. Seguro, no necesitamos combustible extra en este preciso momento, pero si cargamos todo lo posible mientras lo tenemos delante, y almacenamos lo que no usamos en forma de grasa, nos vendrá muy bien la próxima vez que falle la cosecha y tengamos que vivir de esa grasa por un tiempo. Millones de nuestros ancestros se salvaron del hambre por la grasa que almacenaron en tiempos de abundancia.

El cuerpo tiene otro truco de supervivencia en la manga. No sólo almacena energía para tiempos de escasez futura, también trata de ser prudente en cuanto al ritmo con el que usa dichos recursos. Es probable que maneje su casa de la misma manera. Si recibe un ascenso, afloja un poquito la billetera. Quizás construye una nueva habitación, o disfruta de unas vacaciones más elaboradas. Sabe que va a entrar más, entonces ¿por qué no gastar un poquito? Por otro lado, si pierde el trabajo, inmediatamente recorta los gastos para que sus ahorros le duren lo más posible. Se abstiene de hacer nuevas compras, baja un poco la calefacción en invierno, y viaja menos. Su cuerpo funciona de la misma forma. Si no recibe mucho alimento (o agua), supone que han llegado tiempos difíciles, y hace lo que puede para permitirle sobrevivir. Su cuerpo dice: "¡Ey! Vayamos despaaaaaaaaaaaaaaacio hasta que llegue algo de buena comida". Apaga las luces, apaga la calefacción, y trata de viajar lo menos posible.

Su metabolismo disminuye.

Y usted sabe lo que se siente. No quiere moverse. Su cerebro está atontado. Tiene frío todo el tiempo. No hace mucho de nada. Sólo se siente deprimida. Y está quemando muy pocas calorías, lo cual es grandioso si está varado en una isla desierta, pero terrible si está intentando adelgazar.

Por qué fracasan las dietas

Usted ve por qué las dietas arruinan el metabolismo. Toda dieta que intenta lograr que baje de peso reduciendo drásticamente la cantidad de calorías que ingiere está condenada al fracaso, porque se basa en un malentendido sobre el funcionamiento del cuerpo humano. Parece suficientemente lógico: como menos, quemo más, pierdo peso. Y sí, ése es el camino para adelgazar. La única forma de hacerlo es quemar por día más calorías que las que consumimos. Cuando eso sucede, el cuerpo liquida sus reservas de grasa y las quema para completar las calorías extra. ¡Literalmente derrite la grasa, eliminándola de su cuerpo!

Pero como acabo de explicar, el instinto natural de su cuerpo es no seguir reactivando su metabolismo una vez que la ingesta de alimentos disminuye. No mucho después de que inicie la dieta, su cuerpo va a disminuir el metabolismo para ajustarse a la nueva cantidad de alimento que ingresa. Esto explica el clásico dilema de las dietas que la mayoría de nosotras conocemos demasiado bien:

Comienza una dieta y tiene gran éxito las primeras semanas. Baja de peso y cree que tiene el éxito asegurado. Pero entonces, aunque cumple la dieta (con dificultad) y come como un pajarito, súbitamente deja de adelgazar. Adelgaza un par de libras una semana, una la siguiente, y después nada.

He visto esto en mi hija. Años atrás, Laura quería adelgazar, así que diseñé una dieta reducida en calorías especialmente para ella. La cumplió al pie de la letra. Perdió un par de libras, ¡y después nada! Su metabolismo se ajustó. Yo siempre había creído que los que no adelgazaban con una dieta eran unos embusteros. Ahora tenía evidencia directa de que no era el caso.

Las dietas no sólo brindan una pérdida limitada de peso. Usted también puede sentirse floja, deprimida, y ansíe "comer de verdad". Pronto comienza a deslizar alimentos prohibidos y a salirse de la dieta. ¡Y el peso vuelve para vengarse! Aún parece estar más gorda que antes.

Eso es porque su cuerpo está feliz de agregar una libra extra de grasa pero se niega a perder una; esas libras se engordan con mayor facilidad de lo que se bajan. Y cuando su metabolismo es lento y usted no hace mucho, tiende a perder músculo. Cuanto más trabaja los músculos, más aumentan de tamaño; cuanto menos los usa, más se encogen. Los músculos lucen magníficos, se mantienen firmes y flexibles cuando se mueve, opuestamente a la grasa, que tiene toda la forma de un globo de agua que cuando usted se mueve no hace más que sacudirse. Lo que es más importante, los músculos queman calorías todo el tiempo, sólo para mantenerse listos para la acción. Cuanto más músculo tiene, más calorías quema, *incluso mientras duerme.* Éste es su metabolismo de reposo, y es distinto para cada persona.

A la larga, si continúa comiendo regularmente, su cuerpo se pone al día y comienza a aumentar el metabolismo. Pero su cuerpo ha perdido músculo y para reemplazarlo se usa grasa. Quizás pese lo mismo que cuando empezó, pero se verá peor —porque ha reemplazado músculo firme por grasa— y quemará menos calorías porque tiene menos músculo y un metabolismo de reposo más bajo. Entonces le resultará más difícil que nunca mantener su peso.

Por todas estas razones, hacer dieta no es la manera de lograr, o mantener, un peso saludable.

¡La buena noticia es que hay muchas cosas que puede hacer para arreglar esta situación! La clave es hacer una dieta normal y balanceada, y realizar actividades que mantengan su metabolismo ronroneando en un nivel energético óptimo. Haga esto y gradualmente irá perdiendo esas libras de más, hasta tener un peso saludable. Recuerde, la meta no sólo es ser delgada, sino ser saludable y tener el peso adecuado para usted.

Cinco maneras de aumentar el metabolismo

1. Haga ejercicio

La manera más conocida de quemar calorías es *moverse.* Como explicaré en el capítulo siguiente, el ejercicio hace que su cuerpo liquide las reservas de grasa y envíe esas moléculas para que los músculos las quemen para producir energía. Así como su cuerpo interpreta la dieta como escasez de alimento y baja el metabolismo para ayudarla, también supone que si se mueve rápido todos los días, tiene una buena razón; debe ser clave para su supervivencia. Entonces acelera el metabolismo, forma más músculo, y le da las enzimas necesarias para quemar calorías más fácilmente. Cuanto más regularmente haga ejercicio, tanto más alto se mantendrá su metabolismo, y tanto menos le costará hacer desaparecer esas libras de más. Un beneficio extra de esto es que usted se mantiene alerta y contenta más tiempo.

2. Desayune (y almuerce y cene)

Eliminar el postre de la dieta no va a hacer que su cuerpo entre en un pánico de "¡No hay comida!" Mientras respete las tres comidas diarias, aunque en cantidades más reducidas, su cuerpo estará satisfecho. Sólo cuando omite por completo una comida, su cuerpo piensa: "¡Oh-oh, algo raro está sucediendo!" y comienza a apagarse.

Todos hemos oído decir que el desayuno es la comida más importante del día, y resulta ser cierto. Piénselo: ha estado en ayunas por casi doce horas. Su metabolismo naturalmente baja durante la noche, por lo que el desayuno es la señal del cuerpo para reactivarse. Un buen desayuno pone la maquina en funcionamiento otra vez. La máquina entera: digestión, energía cerebral, sentidos, fuerza muscular. Puesto que un buen desayuno la hace tanto más activa, de hecho puede ayudarla a perder peso. Saltarse el desayuno sólo la pone en estado de letargo; apenas logra moverse pesadamente durante toda la mañana, sin lograr hacer mucho de nada —y eso incluye quemar calorías.

Yo acostumbraba hacer siempre eso. Durante años fui presa de la trampa de no comer hasta media tarde. Pasaba esos días bebiendo café, fumando cigarrillos, y por las tardes comía desaforadamente. ¡Y me asombraba de por qué no perdía peso y me sentía mal todo el tiempo! Mi metabolismo andaba por el suelo todo el día, y después recibía gran cantidad de calorías por la tarde cuando no lo necesitaba.

Si usted es una de esas personas a quienes les revuelve el estómago pensar en desayunar, no sienta que tiene que obligarse a comer tres platos; hasta un poquito de algo la ayudará a poner el motor en funcionamiento. Pero no un poquito de cualquier cosa. Los cereales azucarados que muchos de nosotros comemos en el desayuno son peor que nada.

Como ya explicaré en detalle en la Clave 5: Aliméntese equilibradamente, ingerir gran cantidad de azúcar o almidón hace que el sistema
se desequilibre, la hace tener sueño, y conduce a numerosas enfermedades. Asegúrese de incluir alguna proteína en el desayuno; intente
combinar eso con un poquito de grasa (que la mantendrá saciada por
más tiempo) y frutas o vegetales que le proporcionan vitaminas y fibra.
A continuación hay una lista de buenas opciones para el desayuno:

• Huevos de cualquier clase
• Yogur, fruta y nueces
• Mantequilla de maní y tostadas de pan integral
• Carne magra (no panceta grasosa o salchichas)
• Panqueques, gofres (waffles) o panecillos de harina integral
• Cereales integrales con frutas
• Tostadas integrales con queso

Tampoco saltee el almuerzo o la cena. El cuerpo de la mayoría de
la gente funciona mejor cuando recibe cantidades regulares de comida
a lo largo del día. Pero en esta cultura tendemos a cenar en exceso. Por
lo general, no quemamos muchas calorías después de la cena, por lo
que una comida demasiado abundante no hace mucho más que convertirse en grasa. Intente cambiar la ecuación —tome un desayuno sus-
tancioso y haga que la cena sea la comida más liviana de las tres— y
vea si eso cambia algunos otros números, como el peso y la medida de
la cintura.

3. Beba agua

Sin agua usted no tendría energía alguna, porque el agua es responsable de llevar los nutrientes de los alimentos a los músculos y el cerebro —a través de la sangre, constituida en su mayor parte por agua.
Igual que usted, en realidad. Todos estamos constituidos por dos tercios de agua aproximadamente, y la usamos para todo, para llevar
nutrientes a las células, para refrescarnos, para purgar los excrementos,
y para hacer circular las células inmunes por todo el cuerpo. Sin suficiente agua, todos estos sistemas pueden empezar a sufrir, incluido el

metabolismo. A medida que comienza a deshidratarse, se va aletargando, porque el agua no está allí para transferir combustible a los músculos y el cerebro. Si quiere mantener su metabolismo en un nivel alto, es esencial beber suficiente agua cada día. En un estudio realizado por alemanes, el metabolismo de la gente se elevó en un treinta por ciento en forma inmediata después de beber dos vasos de agua y se mantuvo así por una hora. ¡De esta forma se queman muchas calorías extra! Lea mi capítulo acerca del agua (Clave 6) para más información. Y siga esta regla fácil: "Si piensa en ella, beba de ella".

4. Duerma bien

Algunos creen que intentar abarcar demasiado, quedándose levantados hasta altas horas de la noche para salir arrastrándose de la cama a las 6 a.m., los ayudará a mantenerse delgados, porque queman más calorías durante el tiempo extra que permanecen en vela. ¡Nada más lejos de la verdad! El sueño no es simplemente "tiempo de descanso". Su conciencia podrá estar descansando, pero muchas otras partes de su cuerpo están muy ocupadas trabajando, haciendo mantenimiento vital. Su cerebro descarga el estrés del día, su cuerpo repara los daños, y la sangre reaprovisiona a los músculos de combustible para el día que viene. Saltee esta etapa vital, y andará todo el día arrastrándose con menos energía, metabolismo bajo, y rendimiento pobre en todo, desde exámenes y tiempo de reacción hasta el actuar como ser humano civilizado. Después de dieciocho horas de estar despierto, la coordinación, el tiempo de reacción, el discernimiento, y los índices de accidentes son tan malos como en los conductores borrachos.

La gente tiende a comer más cuando está privada de sueño porque siente más frío y menos vitalidad, y confunden esto con el hambre. Duerma bien a la noche y quemará *más* calorías en general —y se sentirá mucho mejor respecto a la vida. Algunos consejos prácticos para dormir bien:

• Reduzca el estrés. Ésta puede ser la causa número uno de insomnio.

- Haga ejercicio durante el día (pero no cerca de la hora de ir a dormir).
- Mantenga una atmósfera tranquila en su casa y por la tarde ilumínela con una luz suave.
- No beba cafeína en la noche.

5. Sea inquieta

Sí, sea inquieta. Una investigación de vanguardia de la Clínica Mayo reveló que una de las diferencias más importantes entre la gente excedida de peso y la gente delgada puede radicar en cuánto se mueven. En otras palabras, no es solamente el ejercicio planificado, tal como caminatas o golf, lo que hace la diferencia en el peso, sino los cientos de pequeños movimientos que realizamos —o no realizamos— durante el día. Los investigadores de la Clínica Mayo equiparon a personas con ropa especial que contenía sensores que medían cada caloría que quemaban al moverse. Se descubrió que todos esos pequeños movimientos —como levantarse de la silla para mirar por la ventana, rascarse la cabeza, y hasta cambiarse al otro lado del sofá mientras mira televisión— hacen una diferencia mucho más grande de lo que todos pensaban. La gente delgada tendía a "no quedarse quieta" y así quemar 350 calorías diarias más que los que tenían exceso de peso. ¡Esto suma un total de 35 libras (15.9 Kg) al año!

> *¡No viva de formas que la obliguen a estar quieta! ¡Rebélese contra la comodidad!*

Sin embargo, notará que no he escrito un libro titulado *La dieta de no quedarse quieta: su clave para adelgazar 35 libras en un año*. Esto es porque usted no puede realmente cambiar su tendencia innata a moverse todo el tiempo o a no hacerlo. A algunos les resulta más fácil quedarse quietos —realmente quietos— que a otros. Y esas personas queman menos calorías por eso. La gente que no puede estarse quieta puede poner nerviosos a los demás, pero quemarán más calorías que la persona sedentaria.

Aunque no puede cambiar sus tendencias inconscientes, puede cambiar el entorno que le permite eludir usar su cuerpo. Éste es uno de los secretos más fáciles y perdurables para bajar de peso: ¡No viva de formas que la obliguen a estar quieta! ¡Rebélese contra la comodidad! Para serle franca, creo que Satanás nos ha engañado. Ha hecho todo tan fácil y confortable y cómodo que nos está matando. Creemos que estamos ahorrando tiempo y esfuerzo, pero en realidad estamos perdiendo fuerza y energía. Hacer tareas y permanecer activa no está mal. No trate de evitarlo. Nosotros queremos tenerlo todo servido en tantas cosas como sea posible, pero la cuestión es que *¡no podemos tener servida la buena salud!* A partir de hoy, dé pasos para hacer que su vida sea un poco menos cómoda y un poco más "inquieta" o activa.

Aquí tiene unas pocas ideas sobre cómo hacerlo:

- Use las escaleras. Cada vez que evita el elevador y sube por la escalera, quema calorías, tonifica algunos de los músculos que más le interesa tonificar, y además se despabila.

- No pierda tiempo buscando el lugar más cercano para estacionar. Estacione de modo que tenga que caminar un poco. ¡Hágalo a propósito!

- Camine lo más posible. Piense en formas de hacer alguna caminata extra.

- No posponga las cosas. Cuando hay una tarea que cree que es necesario hacer levántese y hágala.

- Elija actividades que la obliguen a moverse. Intente hacer jardinería, barrer la entrada del auto, tomar clases de danza, o caminar por el centro comercial.

- Cuando mire televisión, levántese y estírese periódicamente. Haga lo mismo en el trabajo.

- Pruebe a colocar el televisor delante de una cinta para caminar y camine mientras mira. Hágalo lentamente para no distraerse. Se sorprenderá al ver que pronto le resultará algo natural.

- En el sillón de mi oficina tengo dos pelotas de cinco libras para hacer ejercicios. Varias veces por día, cuando las observo, me detengo y hago una corta rutina para ejercitar la parte superior del cuerpo. Sólo lleva uno o dos minutos y relaja los músculos tensos. ¡Pruébelo!

➤➤➤ HÁGALO ◄◄◄

"Pero sed hacedores de la palabra, y no tan solamente oidores."
(Santiago 1:22)

Elija al menos una acción que pueda hacer para aumentar su metabolismo. Escríbala abajo, *comprométase a hacerla* y comience hoy mismo.

Acción: _____

> CLAVE 4 <

Haga ejercicio

Cuando se menciona la palabra "ejercicio", todo el mundo se queja. Le contaré un secreto: ¡yo también! Entonces no cometamos el mismo error de algunos libros y programas de ejercicio de suponer que siempre es divertido o conveniente, y de que todas vamos a disfrutar haciéndolo y que no vamos a poder parar una vez que hayamos comenzado. Por cierto, ésa no ha sido mi experiencia. ¡No me gusta hacer ejercicio! A mi esposo sí, pero a mí no. Caminar en la cinta me resulta una de las cosas más aburridas de la vida, y no quiero disponer de tiempo para ir al gimnasio. (Deberíamos dejar de decir: "No tengo tiempo...", porque lo cierto es que siempre podemos hacernos tiempo para las cosas que más nos importan. Si tiene tiempo para mirar dos o tres horas de televisión a la tarde, entonces tiene tiempo para hacer ejercicio, visitar a una amiga, o hacer otra cosa. Cuando decimos: "No tengo tiempo para hacer eso", lo que en realidad queremos decir es: "Eso está muy abajo en mi lista de prioridades". Y voy a ser sincera: visitar un gimnasio está *muy* abajo en mi lista.)

Si le gusta ir al gimnasio o tener uno en su casa, ¡por supuesto hágalo!, pero por fortuna los gimnasios no tienen monopolio sobre el ejercicio. Hay miles de formas de hacer buen ejercicio, y la mayoría no cuesta mucho dinero, no requiere equipamiento especial o desviarse del propósito de su día. Yo sé que si voy a hacer ejercicio sin salir, tiene que ser algo que espere con entusiasmo, y debe ser fácil de incluir en mi día. Me gusta caminar dos o tres millas (3.2 o 4.8 Km) cuando el tiempo está lindo. No sólo me proporciona ejercicio cardiovascular esencial para una larga vida, también es un momento excelente para orar, me ayuda a sentirme con más energía después, y hace maravillas por mi nivel de estrés. Tengo una rutina de ejercicios para hacer en el piso que cumplo día por medio, y en general trato de moverme mucho. No diría que soy "inquieta", pero me doy cuenta de la importancia de mantenerme en movimiento. También me gusta jugar al golf con mi esposo. Nos permite estar unas cuantas horas juntos, lejos del mundo. También camino un poco y uso músculos que olvidé que tenía.

Además del ejercicio "tradicional", haga un esfuerzo por mantener su cuerpo activo con tantos pequeños recursos como sea posible. Como discutía en el capítulo anterior, ¡estas cositas suman muchas calorías! Camine hasta la casa de una amiga en vez de ir en el coche. Use una cortadora de césped sin motor en lugar de una tipo tractor. Si trabaja todo el día frente a una computadora, levántese y haga una pausa regularmente. Además de hacer los ejercicios manuales con pelota en el sofá, también tengo una de esas pelotas gigantes para hacer ejercicio, y cada tanto salgo de mi escritorio y doy unos brincos en la pelota durante cinco minutos. Esto hace circular la sangre, afloja la columna y me da una pausa en el trabajo, que es tan importante.

Estas breves pausas e "incomodidades" provocadas son necesarias porque hoy en día usamos tan poco nuestro cuerpo. Tenemos abundancia de aparatos que sólo requieren que pulsemos un botón para hacerlos funcionar. Pocos de nosotros tenemos trabajos que impliquen ejercicio, y a la mayoría de nuestras actividades de tiempo libre también las pasamos con los pies para arriba. Éste es un nuevo adelanto, y realmente mortífero. Los seres humanos fueron hechos para el ejercicio. Nuestro cuerpo está dotado de articulaciones porque Dios sabía que nos moveríamos mucho.

Hay que reconocer que en la Biblia no oímos hablar mucho de la rutina de entrenamiento de Noé o la sesión de Pilates de Moisés. ¿Eso significa que la gente de ese entonces no hacía mucho ejercicio? ¡Todo lo contrario! Todo lo que hacían en la vida requería ejercicio. Antes de que existieran los vehículos, la electricidad, y las máquinas, todo en el mundo se hacía con fuerza humana o fuerza animal. Si uno quería ir a alguna parte, caminaba. Si necesitaba llevar algo consigo, lo cargaba.

Lavaba su ropa a mano, cortaba su propia leña, y molía su propio grano. Este estilo de vida físicamente activo quizás haya sido una de las razones de la increíble longevidad de estos personajes bíblicos.

El mejor caminante de todos quizás haya sido Jesús. Como rutina, acostumbraba caminar desde su hogar en Galilea a Jerusalén —¡una distancia de aproximadamente 120 millas (193 Km)! Durante el curso de su ministerio, debe haber caminado miles de millas. En los días de Jesús, la gente no vacilaba en caminar diez millas (16 Km). Y como lo hacían toda la vida, tenían el cuerpo bien desarrollado para realizar esas caminatas tan largas con facilidad. Cuando estuve en Moscú hace poco, observé que la mayoría de la gente era delgada. Al preguntar la razón, me dijeron que la mayoría de ellos no tenía automóvil e iban caminando a todos lados.

Sin ir muy lejos, en la década de 1920, la gente de los pueblos y ciudades de Norteamérica caminaba en promedio aproximadamente dos millas (unos 3 Km) al trabajo y del trabajo a la casa, además del ejercicio que hacía mientras trabajaba. Esa sola caminata quemaba 200 calorías por día, lo que equivale a veinte libras (9 Kg) por año de peso perdido. Cuando cambiamos nuestra caminata diaria por la comodidad del automóvil, ¡no nos dimos cuenta de que estábamos aumentando veinte libras con el trato!

Pero la pérdida de peso es solamente la punta del iceberg. Sí, el ejercicio regular la ayudará a adelgazar y verse lo mejor posible, pero hacer ejercicio regularmente proporciona muchos beneficios para la salud que van más allá del valor de la apariencia. Ponerse en forma para aparentar es algo así como comprarse un refrigerador nuevo porque le gusta el color. Es una buena razón, pero quizás le gusten aun más las nuevas y fabulosas características, la supereficiencia, y la garantía extralarga. Y todo eso lo obtiene por medio del ejercicio. Aparte de no fumar, no hay nada que pueda mejorar más su salud. ¡Es realmente una panacea! Las enfermedades cardíacas, apoplejía, diabetes, cáncer, Alzheimer, artritis, asma, depresión, y enfermedades gastrointestinales son sólo algunas de las condiciones que puede ayudar a prevenir por medio del ejercicio. También tendrá menos resfríos, se sentirá menos estresada, y lucirá espléndida. Menos grasa, más músculo, mejor tono, postura más derecha.

Tomemos algunos minutos para explorar lo que sucede cuando las tenis golpean el pavimento y el corazón comienza a palpitar.

Mantenga encendidas las fogatas

¿Alguna vez se pregunta por qué su cuerpo se mantiene en 98.6 grados Fahrenheit (37° C) todo el tiempo? Eso es mucho más caliente que la temperatura normal del aire. Su cuerpo lo logra manteniendo encendidas las fogatas internas. No hay llama, pero de otro modo todas las características distintivas de una fogata están allí. Se necesita combustible, que se obtiene de los alimentos, y oxígeno, que ingresa por los pulmones; y se produce calor y energía. Pero a diferencia de una fogata, donde toda la energía se genera como luz y calor, en su cuerpo se usa muy poca energía para producir calor, mientras que el resto se usa para proveer de energía a todos sus sistemas: músculos, sentidos, cerebro, corazón y demás.

El combustible que propulsa su cuerpo es el azúcar. Una clase especial de azúcar llamada glucosa es los que usan los músculos y el cerebro para continuar andando. Cada célula muscular de su cuerpo hace lo mismo: toma una molécula de glucosa, la quema en una explosión rápida, y usa la fuerza de dicha explosión para contraerse. Millones de estas células musculares trabajan juntas quemando glucosa y contrayéndose, lo cual le permite a usted levantar el brazo, correr, o incluso pestañear.

Sus músculos almacenan glucosa directamente en la fibra muscular, por lo que se encuentra disponible. Si usted se tropieza y se cae, instantáneamente debe poner las manos delante de su cara, así que los brazos necesitan quemar de inmediato su glucosa y ponerse en acción. Pero los músculos no pueden almacenar demasiada glucosa; sólo lo suficiente para unas cuantas acciones rápidas. Después de eso, necesitan reabastecerse. Se manda la señal al cuerpo para que envíe más combustible.

Ese combustible se almacena por todo el cuerpo en forma de grasa. Una molécula de grasa contiene mucha más energía que una de glucosa, por lo que resulta una forma mejor de almacenar energía extra de los alimentos. Tan pronto como los músculos han gastado la provisión de glucosa y piden más, su cuerpo comienza a descomponer la grasa en glucosa y la envía por el torrente sanguíneo a los músculos que la necesitan.

El proceso de descomponer la grasa requiere oxígeno. Eso hace que sea fácil decir cuándo los músculos han agotado su propia glucosa y están obteniendo más combustible de la grasa: usted comienza a respirar más fuerte, porque necesita el oxígeno. Esto sucede generalmente después de uno o dos minutos de cualquier actividad aeróbica. (*Aeróbica* significa que usa oxígeno. Los ejercicios aeróbicos son los que implican una actividad sostenida, tales como caminar, trotar, o andar en bicicleta, pero no explosiones rápidas como batear una pelota de béisbol o levantar una pesa.) Cada vez que sienta que está respirando fuerte durante su sesión de gimnasia, dése una palmadita en la espalda; significa que literalmente está quemando grasa.

Sin embargo, si hace ejercicio en forma tan intensa que respira con dificultad, su cuerpo no puede abastecer su demanda de oxígeno. Sin éste, el trabajo de quemar completamente la grasa no se hará bien, y dejará tras de sí un desecho desagradable llamado ácido láctico. Así como duele cuando entra ácido en una herida, el ácido láctico produce esa misma sensación en los músculos —una sensación de ardor que tiene después de trabajarlos demasiado. Es mejor disminuir la intensidad de modo que jadee pero que no se le corte la respiración.

Una buena forma de ilustrar esto es pensar en su parrilla de carbón. El fluido del mechero es como la glucosa que se quema enseguida pero que no dura mucho; se agota después de un minuto más o menos, por lo que necesitará las briquetas de carbón (la grasa), que pueden quemarse durante horas. Y si obstruye los orificios de ventilación de la parrilla, el carbón arde sin llama, dejando residuo sin quemar (ácido láctico).

La raíz del problema

Como puede ver, la energía para el ejercicio depende de que los músculos reciban oxígeno y combustible suficientes, y ambos llegan a través del torrente sanguíneo. La sangre es su red de transporte, y su corazón la maneja. A medida que se aumenta la demanda de aire y combustible, su corazón bombea cada vez más rápido, para que la sangre haga más rápido su importante ruta de entrega. Los vasos sanguíneos que alimentan a los músculos que trabajan también se dilatan, para transportar mayor cantidad de sangre a donde sea necesario.

Haga ejercicio una vez, y todo su sistema vuelve a la normalidad cuando se detiene. Haga ejercicio regularmente durante dos semanas y las cosas comienzan a cambiar. Recuerde, Dios le dio un cuerpo de una increíble adaptabilidad. Se amolda a su estilo de vida, para facilitarle alcanzar aquello por lo cual está trabajando. A medida que los músculos se acostumbran, se van haciendo más grandes y fuertes, incluso el corazón. Un corazón fuerte bombea más sangre con menos estrés. Los vasos sanguíneos también se fortalecen por medio del ejercicio. Las paredes internas de las arterias están recubiertas por una capa de músculo liso que las dilata y contrae según la necesidad. Ésa es la forma en que su cuerpo ajusta la cantidad de sangre que va a un área particular. Si usted corre, las arterias que van a las piernas se dilatan para que fluya más sangre hacia los músculos de las piernas. Usted no controla estos músculos arteriales más de lo que controla su corazón, pero igualmente trabajarán cuando usted haga ejercicio. La dilatación regular mantiene las paredes de las arterias blandas y flexibles, para que puedan dilatarse ampliamente según la necesidad y existan menos probabilidades de que se desarrollen engrosamientos u obstrucciones por el colesterol. Los vasos sanguíneos que van a los músculos que no están en uso se contraen, para evitar desperdiciar sangre donde no es necesaria.

Ahora usted comprende por qué un ejercicio regular tan sencillo, como caminar un par de millas (aprox. 3 Km) algunos días, ¡puede reducir *a la mitad* el riesgo de ataque cardíaco y apoplejía! Un ataque cardíaco sucede cuando el colesterol se acumula en las paredes arteriales y finalmente bloquea el flujo de sangre al corazón. Una apoplejía es lo mismo pero ocurre en un vaso sanguíneo que va al cerebro. La mejor manera de prevenir éstas y otras formas de enfermedades cardiovasculares es el ejercicio regular y moderado, el cual mantendrá sus vasos sanguíneos destapadas y limpios, y su corazón sano y fuerte.

La epidemia de diabetes

Ahora que conoce cómo funciona el sistema cardiovascular, verá por qué la diabetes es mucho más fácil de prevenir que la enfermedad cardiovascular por medio de dieta y ejercicio. Qué bueno, porque la diabetes está fuera de control en los Estados Unidos. La pasmosa cantidad de estadounidenses que padece diabetes asciende a veinte millones, y más de cuarenta millones son prediabéticos, lo cual significa que tienen todas las condiciones para desarrollar la enfermedad a menos que realicen cambios en su estilo de vida.

La diabetes es una enfermedad del azúcar. Es causada por el alto nivel de glucosa en la sangre, resultado de una dieta alta en grasa, azucares, y almidón, junto con una vida sedentaria. Usted creería que la glucosa elevada en sangre es buena —¡más energía!— pero los niveles elevados durante un periodo largo causan muchos problemas. ¿Sabe usted cómo se ponen espesas y viscosas las salsas dulces? Bueno, cuando en la sangre hay demasiada glucosa, también se torna viscosa. Entonces es más probable que dañe las paredes arteriales y forme los coágulos que causan la enfermedad cardiovascular. La mayoría de los diabéticos a la larga morirán de enfermedad cardíaca o apoplejía. También tienen más probabilidades de sufrir de la enfermedad de Alzheimer (los altos niveles de glucosa en el cerebro causan pérdida de memoria y demencia), insuficiencia renal y ceguera.

Es como si los músculos absorbieran toda la glucosa extra que haya en la sangre —y lo intentan, pero no pueden absorber tanto. El factor es la insulina. Es una hormona producida por el páncreas que actúa como una llave, haciendo que las células musculares se abran y absorban un poco de glucosa. Cuanta más glucosa hay en sangre, tanto más insulina produce el páncreas, y toda esa hormona se dispersa con gran rapidez, tratando desesperadamente de hacer que los músculos absorban más y más glucosa. Pero finalmente se llenan y se resisten. Esto se llama "resistencia a la insulina".

Cuando los músculos se resisten, toda la glucosa queda en la sangre. Su cuerpo entonces la convierte en grasa y la mete desesperadamente en las células grasas, pero después de un tiempo éstas también comienzan a ofrecer resistencia. Suponiendo que entran más y más azúcares y almidones por la boca, los niveles de glucosa continúan aumentando, y el páncreas bombea insulina cada vez más rápido. Pero esa glucosa no tiene lugar a dónde ir, y finalmente el páncreas, sobreexigido, colapsa. Entonces NO hay manera de transportar la glucosa a las células musculares, y ahí tiene un auténtico caso de diabetes.

La prevención de la diabetes depende del control de ambos lados de la ecuación: la velocidad con que los azúcares y almidones ingresan en el cuerpo y la velocidad a la que la glucosa es quemada por los músculos. Cuanto menos come, menos glucosa va a la sangre; cuanto más ejercicio haga, más quemarán los músculos su provisión de glucosa y necesitarán una recarga. El ejercicio regular "entrena" a los músculos para que cooperen con la insulina, de modo que se abran y reciban más glucosa; esto reduce la resistencia a la insulina.

Un programa regular de ejercicio disminuye en dos tercios la probabilidad de contraer diabetes. Combinado con una dieta saludable, baja en azúcares, almidones y grasa saturada, todo esto hará que el riesgo de padecer la enfermedad sea insignificante. Si ya la tiene, ninguna cantidad de ejercicio hará que el páncreas vuelva a funcionar, pero igualmente le ayudará a controlar los niveles de glucosa y le permitirá tomar tan poca insulina como sea posible.

Cáncer y sistema inmunológico

La relación entre ejercicio y protección contra el cáncer no es tan directa como la que existe entre el ejercicio y la reducción de enfermedad cardiovascular. La actividad física tiene muy poco impacto sobre algunos tipos de cáncer, pero reduce el riesgo de cáncer de mama en treinta y siete por ciento y da una protección similar contra el cáncer de próstata y de colon. Esto se logra por la estimulación de su sistema inmunológico. Su inmuno defensa, centrada en el sistema linfático, hace circular glóbulos blancos por todo el cuerpo, donde encuentran y eliminan cualquier amenaza celular, tales como bacterias, virus, y células cancerígenas. A diferencia de la sangre, que es bombeada por el corazón hacia todo el cuerpo, la linfa depende de las contracciones musculares que la meten por todo el cuerpo. ¡El ejercicio moderado más que duplica la velocidad a la que circula la linfa! Cuanto más rápido circulan esos glóbulos blancos, más células cancerosas y virus lograrán eliminar.

Estrés

El estrés es simplemente todo lo que requiere que reaccionemos. Nuestro cuerpo responde enviando hormonas como la adrenalina y el cortisol a través de la sangre para mejorar nuestro nivel de rendimiento. La frecuencia cardíaca y respiratoria aumenta, lo cual significa que se necesita más combustible para los músculos y el cerebro. Pensamos y reaccionamos más rápido, y tenemos fuerza extra. Esto es grandioso si el factor que nos estresa es infrecuente y si tenemos alguna válvula de escape para reaccionar: correr, realizar una actuación excelente en el escenario, o estar *activas* de alguna otra forma. Sin embargo, en el mundo moderno con demasiada frecuencia no tenemos una vía física de escape para el estrés. Nuestro jefe nos grita en una reunión, tenemos una pelea con nuestro cónyuge, y no podemos hacer más que quedarnos ahí, mientras nuestras hormonas se elevan de repente, las arterias sufren una paliza, la sangre se sobrecarga de oxígeno, todo contenido allí dentro. Por razones que explicaré con mayor profundidad en la Clave 9: Libérese del estrés, el estrés constante es un boleto rápido hacia la tumba. Conducir su automóvil a 65 mph (más de 100 Km/h) por la carretera está bien, pero póngalo en punto muerto en la entrada, apriete el acelerador hasta el fondo, y el motor no tardará mucho en recalentarse.

Cuando experimentamos estrés (y aceptémoslo, la mayoría lo enfrentamos todos los días), lo mejor es lo que nuestros cuerpos nos dicen a gritos que hagamos: ¡*Movernos!* El ejercicio es el mejor reductor de estrés que el hombre conozca. Quema la adrenalina extra y devuelve nuestros cuerpos a un estado de relajación, lo cual significa que pasará la noche durmiendo y no dando vueltas sin poder dormir.

Depresión

Todos hemos oído hablar de la "euforia del corredor". Resulta que esto es cierto, y también lo es la "euforia del golfista" y "la euforia del caminador". El ejercicio tiene un efecto asombroso sobre la depresión. Los estudios muestran que media hora diaria de ejercicio moderado ¡es tan eficaz para aliviar la depresión leve como los antidepresivos! Este ejercicio modesto ayuda incluso a algunas personas que no responden a esos medicamentos.

¿Cómo logra esto el ejercicio? Una de las formas es provocando la liberación de endorfinas, sustancias químicas del cerebro responsables del buen estado de ánimo. Quizás el cerebro haga esto para compensar el ardor muscular que puede causar el ejercicio. Nadie lo sabe con certeza. Pero creo que la mayor autoestima que sentimos cuando hacemos ejercicio es tan responsable como las endorfinas. Cualquiera sea la razón, es otra de la maneras de Dios que da resultado —y, en realidad, eso es todo lo que necesitamos saber.

Osteoporosis

Osteoporosis significa *huesos porosos quebradizos,* y nos sucede a todos a medida que envejecemos, a las mujeres en particular. Comenzando a partir de los treinta, las mujeres pierden masa ósea cada año. *A menos que.* Y ese "a menos que" es hacer ejercicio. La actividad física regular puede preservar la misma resistencia ósea que tenía en los treinta para toda la vida.

Aunque no nos demos cuenta, nuestros huesos cambian constantemente. Los huesos usan el calcio como componente básico, y cuanto más se usan los músculos que rodean al hueso, más los fortalecerá su cuerpo, reforzándolos con calcio extra. Pero si los huesos no son "puestos a prueba" frecuentemente por la fuerza que el músculo ejerce sobre ellos, su cuerpo da por sentado que no son tan vitales para su estilo de vida, y no los refuerza. Entonces el calcio de los huesos se desgasta lentamente. Los huesos de mujeres mayores sedentarias son como un panal, con más agujeros que hueso. No hace falta que la caída sea muy fuerte para que se desmenucen, y luego la recuperación es lenta o inexistente.

La buena noticia es que el poder para evitar la osteoporosis está completamente a su alcance. A medida que envejezca, tome un suplemento multivitamínico con calcio para asegurarse de que su cuerpo tenga la materias primas que necesita para crear hueso nuevo. Y asegúrese de ejercitar *todos* los músculos con frecuencia. Caminar o correr es muy bueno para la mitad inferior, pero no ayudará mucho con la mitad superior. Ejercitar la fuerza, usando simples pesas de mano o bandas de resistencia, es una excelente forma de involucrar a la mitad superior del cuerpo. La natación también resulta buena.

Cinco maneras de empezar

Lo más difícil de un nuevo programa de ejercicio es esa primera milla. Si hace años que no realiza ejercicio, cada paso puede resultarle una tortura. Todas parecen estar en mejor forma que usted. Completar una caminata de tres millas (4.8 Km) parece totalmente imposible; se siente afortunada de poder arrastrarse media milla (0.8 Km).

Lo más difícil de un programa de ejercicio es esa primera milla.

La respuesta, por supuesto, es que esa media milla está bien. Con el correr del tiempo, lo que hace la gran diferencia no es comenzar corriendo cinco millas, sino el progreso continuo en la dirección correcta, junto con el *logro de sus metas*. Abandonar antes de lograr su meta puede convertirse en una pendiente resbaladiza. Por eso es mucho mejor comenzar con objetivos alcanzables y cumplirlos que proponerse tareas no realistas y abandonar a mitad de camino. A continuación hay cinco modos sumamente simples que la gente ha encontrado de comenzar programas de ejercicio sostenibles.

1. Una caminata diaria

Los expertos solían pensar que una tenía que hacer ejercicio hasta sudar mucho para obtener verdaderos beneficios para la salud. Caminar era una buena forma de hacer una pausa, pero el ejercicio de verdad era correr, hacer trabajo aeróbico, u otros deportes intensos. ¡Incorrecto! Los investigadores ahora saben que la mayoría de los beneficios del ejercicio para la salud vienen de algo tan simple como caminar treinta minutos todos los días. El ejercicio más intenso quemará más calorías, y perderá más peso, pero no aumentará mucho su longevidad o su protección contra enfermedades. De hecho, el ejercicio prolongado puede deprimir sus sistema inmunológico.

Caminar treinta minutos equivale a unas dos millas (aprox. 3 Km) a paso normal. No tiene que empezar haciendo esta cantidad. Si después de quince minutos se queda sin respiración, eso es todo lo que necesita para empezar. Trabaje de a poco hasta poder llegar a los treinta, y hágalo al menos cinco veces por semana. A la larga, hacer dos millas podrá parecerle demasiado fácil; intente llegar a tres, o hacer dos muy rápido. Siga desafiándose moderadamente. Siéntase libre de caminar más de treinta minutos, aunque para la mayoría, media hora es más o menos todo lo que pueden dedicar a la actividad física en un día ocupado. Si desea usar un libro como guía, pruebe con *Walking in Divine Health* (Viva en salud divina), del Dr. Don Colbert.

¿Está preocupada porque podría encontrar excusas para evitar esa caminata? Entonces consiga un perro. Él le dirá si ese día no caminó, ¡se lo aseguro!

2. Hacer ejercicio en casa

Me gusta caminar al aire libre. Me encanta la oportunidad de experimentar el día y los cambios de las estaciones desde un sendero o una calle. A otros les resulta difícil mantener un programa de ejercicio al aire libre todo el año. En Florida, caminar en el verano es insoportable. En Michigan, para caminar en invierno hay que abrigarse, agacharse, y esquivar trozos de hielo. Sin importar dónde viva, mucha gente se siente más cómoda haciendo ejercicio en la privacidad de sus propios hogares usando videos de gimnasia. Hay muchos videos de aeróbic, y si le parecen demasiado agotadores para usted, hay videos que combinan caminata en un sólo lugar con movimientos simples de ejercicios de fuerza para lograr un trabajo moderado de todo el cuerpo. De particular interés son los videos *Walk the Walk* (Practique la caminata), de Leslie Sansone, que combinan la caminata con música espiritual cristiana, le proporcionarán una sesión de gimnasia que afirma el cuerpo *más* sostiene el alma. Si le gustan las clases, en estos tiempos se dan clases de aeróbic en todas las ciudades. Cualesquiera sean sus gustos, hay un programa para usted. ¡No deje que las condiciones climáticas le impidan hacer ejercicio!

3. Ejercicios de resistencia

Como expliqué en este capítulo, los ejercicios aeróbicos tales como caminar o andar en bicicleta queman calorías, mejoran la función cardiovascular y espantan la depresión, pero no ayudan mucho contra la osteoporosis en la parte superior del cuerpo. Eso requiere trabajo muscular rápido e intenso, como por ejemplo levantamiento de pesas, programa de ejercicios de resistencia, y abdominales. Lo bueno de los programas de ejercicios de fuerza es que se pueden hacer en casa en sólo unos minutos por día y no requieren equipamiento especial. Hay muchos libros y videos disponibles. Busque uno que se ajuste a sus necesidades, y mantenga fuertes esos huesos y músculos.

4. Correr o andar en bicicleta

A algunos les aburre caminar. Si usted sabe que necesita ejercicio, pero también sabe que el entusiasmo no le durará mucho a menos que el mundo empiece a pasarle volando, entonces le sugiero que pruebe correr o andar en bicicleta. A muchos les encanta andar en bicicleta, y es mucho más fácil para sus articulaciones que correr. Las ciudades y pueblos están en mucho mejores condiciones que antes en lo que a mantener las ciclovías y los senderos se refiere. Quizás descubra que unos cuantos recados que antes hacía con el auto se pueden hacer en bicicleta, lo cual significa que el ejercicio no le ocupará tiempo extra.

5. Natación

Si forma parte de la minoría cuyos problemas físicos le impiden siquiera intentar una caminata diaria, ¡aun así puede hacer ejercicio! En la ciudad hay muchas piscinas que ofrecen clases de aeróbic acuático, y nadar simplemente unas cuantas vueltas es una de las actividades más saludables que pueda hacer. La natación elimina todo el peso del cuerpo. Trabaja muchos músculos diferentes y proporciona un trabajo cardiovascular moderado sin ninguna tensión en huesos o articulaciones. Y las piscinas cubiertas hacen que sea una opción conveniente para todo el año.

➤➤➤ HÁGALO ◄◄◄

"Pero sed hacedores de la palabra, y no tan solamente oidores."
(Santiago 1:22)

Elija al menos una acción que pueda realizar para hacer más ejercicio. Escríbala abajo, *comprométase a hacerla* y comience hoy mismo.

Acción: _____

➤ CLAVE 5 ◄

Aliméntese equilibradamente

Después de crear a Adán y Eva, Dios les dio unas instrucciones muy sencillas para comer. "De todo árbol del huerto podrás comer", les dijo en Génesis 2:16.

¿Dijo: "De todas las donas que vendan en la calle podrás comer"? No. ¿Dijo: "Podrás comer todas las papas fritas que haya en la bolsa"? No . No les dijo que comieran libremente comida chatarra, pizzas congeladas, o ni galletitas reducidas en grasa.

Dios dijo a Adán y Eva que comieran del jardín, y nosotros haríamos bien en seguir su consejo. Hemos estado inundados por una asombrosa cantidad de mala información dietética proveniente de décadas pasadas, que ha empañado las verdades simples de la alimentación saludable: coma los alimentos que vienen de Dios, en el estado más cercano posible a como Dios los creó, y no puede fallar. Sólo cuando somos corrompidos por las comidas hechas por el hombre en laboratorios y fábricas, nos metemos en problemas. Nuestros cuerpos no fueron diseñados para recibir su nutrición de esas formas. Como explicaré en este capítulo, nuestros cuerpos aún no saben qué hacer con estos alimentos procesados.

Una vez cuando estaba enseñando sobre el tema de la comida, pedí que la congregación repitiera después de mí: "¡Soy libre para comer!" Usted debería haber visto el miedo que cruzó muchos rostros. Muy a menudo la gente lucha con el peso, vive esclavizada a la comida y a las ansias de comer, ¡y por años cree que ciertamente *no* es libre para comer! Todo lo opuesto; para ellos, las comidas vienen acompañadas por todas las reglas y turbación de la escuela militar. Pero como usted sabe, cuando el espíritu de alguien está oprimido por demasiadas reglas y directivas, anhela libertad. ¡Se rebela!

Ésta es una de las razones por la que muchas dietas fracasan. Todas consisten en restricciones. Y el espíritu humano está diseñado para la libertad. Es por eso que "¡Soy libre para comer!" es un mensaje tan poderoso, y tan inquietante para algunos. Quieren creerlo, pero les han inculcado el mensaje opuesto durante demasiado tiempo.

¡USTED ES LIBRE PARA COMER! Créalo. En este capítulo aprenderá por qué. Desaprenderá todas las cosas inútiles que le han enseñado acerca de la dieta, y comenzará la rutina alegre, fácil y libre de culpa de comer libremente de todos los buenos alimentos que Dios puso en la tierra para usted. Nada de contar calorías, de llevar la cuenta de las raciones de tal o cual grupo de alimentos, y de mirar preocupadas la información nutricional al dorso de los envases.

La catástrofe de lo bajo en grasa

Aquí estamos, veteranas con cicatrices de las Guerras de lo Bajo en Grasas de los ochenta y noventa. Usted recuerda esa era. ¡Sé que sí! Todos los nutricionistas inteligentes nos decían que la grasa era la enemiga. Nos decían que con sólo eliminar la grasa de nuestra dieta, bajaríamos de peso. Pronto apareció una multitud de productos bajos en grasas en las góndolas de los supermercados para ayudarnos: galletitas bajas en grasas, helado descremado, queso y papas fritas bajos en grasas, y comidas congeladas.

Y obedecimos. Eliminamos la manteca, el aceite, la carne y la mayonesa. Consumimos todos los productos bajos en grasas habidos y por haber. ¿Y sabe lo que sucedió?

Engordamos. El porcentaje de estadounidenses obesos se duplicó en esas dos décadas desde quince a treinta por ciento. El porcentaje de niños con sobrepeso *se triplicó*. Las mujeres ahora comen por día 335 calorías más que treinta años atrás.

¿Cómo puede ser? ¿Cómo es que habiendo eliminado la grasa subimos de peso? (¿Y nuestros índices de enfermedad cardíaca y diabetes se fueron por las nubes?)

La respuesta es que cuando los nutricionistas nos dijeron que elimináramos las grasas, simplemente no sabían de lo que estaban hablando. Toda esa noción de que la grasa nos hacía engordar provenía de saber que, onza por onza, la grasa tiene dos veces más calorías que las proteínas o los carbohidratos. Entonces reemplacemos la grasa por igual cantidad de peso de otra cosa, y comemos menos calorías, ¿verdad?

Bueno, técnicamente, sí. Cuando los defensores de las dietas bajas en grasas estudiaron a varias personas en el laboratorio, y les prepararon su comida y midieron cada caloría que consumían, reemplazando cada caloría de grasa por gramos de carbohidratos, funcionó bien. La gente adelgazó. Sin embargo, también estaba muerta de hambre, distraída y malhumorada. Eso no formaba parte del estudio. El mensaje se difundió por todas partes: ¡la dieta baja en grasa y alta en carbohidratos es su boleto hacia la salud y la pérdida de peso! ¡Grasa es una mala palabra!

Y nosotras escuchamos. El porcentaje de calorías que obtenemos de la grasa se redujo de treinta y siete a treinta y dos por ciento, mientras que el porcentaje de calorías que obtenemos de los carbohidratos se elevó de cuarenta y cinco a cincuenta y dos por ciento.

Desafortunadamente, las cosas se complicaron aún más cuando gente real comenzó a probar esta dieta. Seguro, un gramo de carbohidratos tiene menos calorías que uno de grasa, pero resulta que eso no sirve de mucho, porque el gramo de grasa es mucho mejor para darle sensación de saciedad. Los carbohidratos sólo le hacen desear más.

¿Recuerda cuando comparamos su comida con el combustible que se usa para una parrilla? El azúcar (que el cuerpo convierte en glucosa) es el fluido más liviano que arde rápido e intensamente, mientras que la grasa es la briqueta que arde larga y lentamente. Los carbohidratos son tipos de moléculas de azúcar. Cuando esas moléculas están solas, saben dulce, como el azúcar o la miel, pero hay veces que se unen formando largas cadenas. Los almidones, tales como la harina, el maíz o las papas son simplemente largas cadenas de moléculas de azúcar. No tienen sabor dulce al paladar, porque son demasiado grandes para caber en nuestras papilas gustativas de dulce, pero el cuerpo las descompone en moléculas de azúcar casi instantáneamente. Las máquinas también pueden hacerlo: el maíz es un almidón que no sabe muy dulce, y el jarabe de maíz es exactamente la misma cosa descompuesta en pedacitos.

Sin importar qué clase de carbohidratos ponga en su cuerpo —papas fritas o algodón de azúcar—, éstos son arrojados a la sangre en forma de glucosa para proveer energía. Si sus músculos llegaran a estar en uso en ese momento, tendrán mucha energía. (Es por eso que a los atletas les gusta comer carbohidratos antes de competir.) Si no, bueno, su cuerpo siempre puede convertir toda esa glucosa en grasa y almacenarla.

De ambas formas, comer un plato cargado de pasta o de pastel hace que el nivel de azúcar se vaya por las nubes. Y su cuerpo responde produciendo toneladas de insulina, esa hormona que hace que las células musculares o las de grasa se abran para recibir el azúcar. Pero tener tanta insulina en la sangre significa que su cuerpo está siendo demasiado eficaz para almacenar el azúcar en alguna parte y usted pasa de niveles muy altos de azúcar en la sangre a niveles muy bajos.

La disminución de azúcar en la sangre también se conoce como hipoglucemia. Y usted conoce la sensación de azúcar baja en la sangre: hambre. Tiene hambre, su nivel de concentración disminuye, se pone de mal humor y se siente débil y con poca energía. En todo lo que piensa es en la comida.

Entonces come. Y si lo que come en su mayoría son carbohidratos, entonces su nivel de azúcar se eleva otra vez por las nubes, produce mucha más insulina, y todo el proceso se repite. (Hasta que, por supuesto, el páncreas se agota de producir tanta insulina que colapsa y usted contrae diabetes.)

Muchas de nosotras pasamos buena parte de la época de bajo en grasa en los ochenta y noventa en esta montaña rusa del azúcar en sangre, elevándonos en una ola de carbohidratos para acabar estrellándonos contra el hambre dos horas más tarde. Comemos una patata al horno como tentempié —con un aderezo azucarado bajo en grasa— y una hora más tarde volvemos a levantar la vista de nuestro escritorio pensando: "No puedo creer que ya tenga hambre de nuevo". Entonces terminamos comiendo constantemente algo liviano, consumiendo por día más calorías que antes, cuando una cantidad menor de dichas calorías estaban presentes en forma de grasa. Y subimos de peso.

Dejemos que el cuerpo haga su trabajo

¿Por qué nuestros cuerpos no regulan mejor lo que necesitan? ¿Dios nos diseñó a todos para ser gordos? Por supuesto que no. Nuestros cuerpos son *excelentes* en la tarea de regular sus necesidades, pero este mundo de donas y algodón de azúcar es algo con lo que nunca habían tenido que lidiar antes. Hasta hace unos cientos de años, cuando los cultivos de caña de azúcar y papas se volvieron fácilmente accesibles, no había muchas formas de carbohidratos convenientes para nuestra alimentación. Estaban las frutas, y de vez en cuando alguien tenía la suficiente valentía para asaltar un panal de miel, pero eso era prácticamente todo en términos de dulces. Otros carbohidratos provenían de vegetales y granos, tales como el trigo y la avena. La gente hacía pan, gachas, y otras comidas de esos cereales, pero de forma muy distinta a como vemos el pan hoy.

La gente comía los *granos enteros*, la parte de la semilla natural de la planta. Piense en la avena o la cebada y tendrá una buena noción de granos enteros: parte externa dura y masticable, parte interna blanda. Entonces alguien vino e inventó máquinas que quitaban la parte externa masticable del grano, dejando la parte blanda interior. En eso consiste la harina blanca: la delicada parte interna sin la capa externa. El trigo integral, por otro lado, es el grano entero.

No podemos negar que nos encanta el sabor cremoso y delicado del pan, los pasteles y otras comidas hechas con harina blanca. ¡Y ni siquiera tiene sentido discutir nuestro gusto innato por el azúcar refinada! Pero éstos son tipos de comida que causan en nuestros cuerpos la respuesta masiva de insulina que describí anteriormente, la cual conduce a la sobrealimentación, obesidad, enfermedad cardiovascular y diabetes.

¿Por qué los granos enteros no causan la misma reacción? Por esa capa externa fibrosa. A su sistema digestivo le toma tiempo quitar esa cáscara para llegar la parte buena de adentro, lo cual significa que la velocidad con la cual los carbohidratos llegan a la sangre disminuye considerablemente. Y eso quiere decir que el nivel de azúcar en la sangre se mantiene estable y satisfactorio. Usted permanece saciada por más tiempo, mientras su cuerpo digiere esos duros granos enteros. Es como darle a su perro un juguete para masticar. No le da un juguete de papel para masticar, porque lo hará pedazos en segundos y estaría suplicándole que le dé otro. Usted le da uno de esos huesos crudos ultra duros que lo mantendrá ocupado por horas. Dele a su cuerpo los alimentos duros que está diseñado para digerir y lo mantendrá ocupado durante horas, también, dejándola libre para hacer su vida.

Los vegetales e incluso las frutas también mantienen sus carbohidratos envueltos en paquetes de fibra, lo cual requiere que nuestro cuerpo trabaje más para obtenerlos. Estos paquetes además contienen las vitaminas y minerales que necesitamos, que también se encuentran en los granos enteros, pero faltan en la harina y azúcar refinadas.

Nutrientes eliminados para hacer la harina blanca		
fibra	niacina	tiamina
hierro	fósforo	vitamina B$_6$
magnesio	potasio	vitamina E
manganeso	riboflavina	zinc

¿Y qué decir sobre la fibra en los granos enteros? Es indigerible, por lo que pasa por el cuerpo sin ser absorbida. Esto significa que es libre de calorías, y si compara dos comidas del mismo tamaño, la que tenga más fibra (y agua) será más baja en calorías. Es por eso que un pedazo de fruta, que es alto en agua y fibra, tiene muchas menos calorías que una barra de dulce.

En algunos casos la fibra puede contarse como calorías *negativas*, porque absorbe la grasa de su comida y la elimina del cuerpo. Esto reduce su ingesta de calorías, como así también su nivel de colesterol y su riesgo de enfermedad cardiovascular. La fibra también actúa como un drenaje en los intestinos, previniendo obstrucciones.

¡La fibra es milagrosa! También es muy común. Está presente en la mayoría de los alimentos vegetales en su estado natural. Sólo cuando usamos tecnología para hacerle a la comida cosas que Dios nunca planeó, podemos crear alimentos que *dañan* al cuerpo. El mayor contenido de fibra disminuye la velocidad con la que los carbohidratos de un alimento son absorbidos en el torrente sanguíneo, y determina la blandura del alimento. (Nuestro cuerpo tarda mucho más tiempo en ablandar un trozo de brócoli crudo para extraer sus carbohidratos que un brócoli cocido hasta quedar blando.) El tamaño del alimento también es importante. Incluso el pan de trigo integral se absorbe rápidamente si los molinos pulverizaron los granos enteros hasta convertirlos en polvo fino. Es por eso que usted debe buscar pan multigrano, que contenga muchos trocitos masticables y crujientes.

El tema común en esta discusión es que usted debería interferir lo menos posible con la naturaleza. Dios le dio un vasto jardín de alimentos saludables para comer, y un cuerpo totalmente capaz de procesar esos alimentos. Tiene dientes para romper y triturar la comida, un estómago que empapa los alimentos en agua y ácido y lo arroja de un lado a otro como Hulk Hogan hasta deshacerla, y un intestino que toma esos pequeños pedacitos y extrae hasta el último granito de lo bueno que hay en ellos. Su cuerpo *necesita* hacer esto; la gente lo ha hecho durante miles de años. Cuando deja que las máquinas realicen el trabajo de romper y triturar y ablandar y predigerir, su cuerpo no llega a realizar el trabajo para el que fue hecho, y el resultado es la enfermedad.

La grasa ¿me engorda?

Cuando la Policía de las Grasas Bajas de los ochenta y noventa nos dijo que elimináramos la grasa de nuestra dieta, era porque la grasa es una fuente muy concentrada de calorías. La grasa tiene nueve calorías por gramo, mientras que las proteínas y los carbohidratos sólo tienen cuatro. Sin entender la respuesta del cuerpo a los carbohidratos, que describí arriba, creyeron que consumiríamos menos calorías y bajaríamos de peso. Parecía lógico: si nuestro problema es que tenemos mucha grasa *en* nuestro cuerpo, ¡deberíamos poner menos grasa *dentro* de ese cuerpo!

Pero resulta que la grasa tiende a saciarnos. Es la briqueta de carbón que arde lentamente durante largo tiempo. Sí, es una forma más concentrada de calorías, pero tendemos a comerla en cantidades pequeñas. (¿Cuánto aceite de oliva puede tragarse?) Las moléculas de grasa son más complejas que los carbohidratos, por lo que nuestro cuerpo tarda mucho más en descomponerlas y extraer las calorías. Al igual que los granos enteros con alto contenido de fibra, un poquito de grasa mantiene nuestro cuerpo trabajando por más tiempo.

Quizás lo más importante de todo es que la grasa contiene componentes llamados leptinas, la señal que el cerebro busca para saber que usted está saciado. Cuando el intestino detecta leptinas, envía al cerebro un mensaje que dice: "¡Listo! Tenemos lo que necesitábamos. Deja de comer". A partir del momento en que la ingerimos, la comida tarda unos veinte minutos en abandonar el estómago y llegar al intestino delgado, desde donde se envía la señal de la leptina, y súbitamente nuestro cerebro nos dice que estamos satisfechos. Por eso el consejo clásico es esperar veinte minutos después de comer para decidir si está saciada o no. Pero debe comer algo de grasa con su comida para que esto suceda. (Y se meterá en problemas si come tan rápido que cuando el primer alimento llega al intestino delgado y activa las leptinas, usted ya ha llenado el conducto con una gran cantidad de comida.)

Esta nueva comprensión del rol de la grasa y los carbohidratos en la regulación del apetito fue el razonamiento que estaba detrás de la ola de dietas bajas en carbohidratos. Mantenga baja su respuesta insulínica evitando los carbohidratos, coma suficientes proteínas y grasa para mantenerse saciada y estable, y comerá menos calorías en general y bajará de peso.

¿Sabe qué? ¡Quizás tengan razón! Usted puede bajar de peso con las dietas bajas en carbohidratos —¡*si* puede cumplirlas! No es una tarea fácil en un mundo que constantemente ofrece carbohidratos en formas convenientes. Fíjese en las ofertas la próxima vez que esté en un minimercado: papas fritas, galletas saladas, dulces, galletas dulces, magdalenas, helado, paletas, bebidas sin alcohol, gaseosas, jugos. Todos carbohidratos. Cuán *convenientes*. A menos que usted considere inconveniente la enfermedad.

Algunas dietas bajas en carbohidratos van demasiado lejos, diciéndole que debe suprimir fuentes saludables de carbohidratos tales como la fruta y los granos enteros. Algunas dietas también cometen el error de dar a entender que todas las grasas son iguales. Como explicaré en la siguiente sección, la mayoría definitivamente no lo son.

La grasa ¿me enferma?

Los investigadores tenían una segunda razón para decirnos que comiéramos menos grasa y esta vez tenían algo de razón. Pensaban que nos haría más saludables. Las arterias obstruidas, ellos sabían, vienen de los componentes grasos como el colesterol que se aglutinan en el torrente sanguíneo y después se adhieren a las paredes arteriales, formando una obstrucción. Si dicha obstrucción bloquea por completo la sangre que va al corazón, sufrimos un ataque cardíaco. Si bloquea la irrigación al cerebro, sufrimos una apoplejía.

Nuestros cuerpos producen colesterol de la grasa de los alimentos que ingerimos. ¡Ésta parece una muy buena razón para suprimir la grasa! Pero cuando la gente comenzaba a hacer dietas bajas en grasas, ¡con frecuencia el índice de enfermedad cardíaca aumentaba! ¿Por qué? Resulta ser que existen dos clases de colesterol. Uno es malo (colesterol LDL) y forma la placa que obstruye las arterias; el otro es bueno (colesterol HDL) y ayuda a limpiar esas arterias.

Ahora sabemos que los diferentes tipos de grasa tienen distintos efectos en nuestros niveles de colesterol. Algunos aumentan el colesterol malo y bajan el bueno, algunos hacen lo opuesto, y algunos bajan todos los niveles de colesterol. La gente que hacía dietas bajas en grasas estaban reduciendo el tipo de grasa peligrosa, pero también suprimiendo la forma de grasa protectora.

Existe una forma sencilla de determinar si es posible que determinada grasa contribuya a obstruir las arterias. ¿Es sólida o líquida a temperatura corporal? En una habitación a 98 grados Fahrenheit (37º C), ¿parece aceite o grasa de panceta? Las grasas que son sólidas o semisólidas también tendrán esa forma en su cuerpo, lo cual significa que es mucho más probable que se adhieran y formen placa. Esas grasas, conocidas como grasas saturadas, son todas de mamíferos: carne de vaca, cerdo, cordero y productos lácteos. Son los que elevan el colesterol malo y contribuyen a la enfermedad cardíaca.

Las grasas que están líquidas a temperatura corporal, en cambio, son algunos de los alimentos más saludables que usted pueda comer. Estas grasas no saturadas bajan el colesterol malo que causa la placa, elevan el colesterol bueno que la previene, y mantienen al cuerpo funcionando bien. El aceite de oliva lidera el grupo, junto con el aceite de pescado y el de canola. Los aceites de otras plantas son menos saludables pero mucho mejores que la grasa saturada.

Cambiar de la grasa saturada a la no saturada puede hacer una gran diferencia en su salud. Aún un pequeño comienzo produce grandes resultados. Reemplazando sólo 100 calorías por día de su dieta —menos de una cucharada sopera— de una grasa sólida por aceite de oliva puede reducir su riesgo de ataque cardíaco *a la mitad*. Reduzca la carne roja y los productos lácteos enteros, coma más pescado y aceite de oliva, y el riesgo disminuye aún más. Ésta es la base de la ahora famosa Dieta Mediterránea, y está demostrado que alarga la vida. Cambiar a la Dieta Mediterránea y hacer ejercicio regularmente ¡reduce su riesgo de enfermedad cardíaca en un ochenta por ciento! No es coincidencia que esta dieta sea también la dieta básica que la gente consumía en los tiempos bíblicos: mucha fruta, vegetales, granos enteros, y pescado, de vez en cuando carne roja y de ave, y muy pocos lácteos (principalmente yogur). ¡Ella tiene una larga trayectoria!

Vuelva a sus buenos viejos amigos

Es asombroso ver cuántos de los alimentos que nos dijeron que no teníamos que comer en los ochenta y noventa han resultado ser buenos para nosotros. Observe la lista de los falsamente acusados, todos los cuales ahora son considerados alimentos saludable, —cuando se los ingiere con moderación.

Chocolate	Mantequilla de	Nueces y castañas
Café	maní	de cajú
Aceite de oliva	Semillas de girasol	Huevos
Aceite de canola	Aguacate	

Otros beneficios de la grasa

Lo fundamental es que usted no tiene que preocuparse de no incluir suficiente grasa en su dieta. ¡Usted necesita grasa! Además de los beneficios cardiovasculares, la grasa es esencial para tener una piel sana y suave, y un cerebro que funcione. Recubre los órganos y ayuda a mantener el calor del cuerpo. Los ácidos grasos esenciales (AGEs) que se encuentran en el pescado, las nueces, y grasas vegetales impiden que se rompan las paredes celulares, licuan la sangre, regulan la presión arterial, reducen la inflamación y mejoran el sistema inmune. Los ácidos grasos Omega-3, que se encuentran en los pescados oleosos como el salmón o la caballa, son especialmente eficaces para proteger contra la enfermedad cardíaca.

Ni siquiera hemos mencionado el beneficio más importante de la grasa, ¡y es que tiene un sabor muy rico! En realidad, sin la grasa la comida sabe bastante insulsa. Sigue teniendo sabor dulce, salado, o picante, pero tiene poca profundidad o aroma, porque la grasa le da sabor. Usted sabe esto por el pésimo sabor que tienen algunos productos bajos en grasas. (Las compañías por lo general agregan mucha azúcar extra para compensar el sabor perdido.) La comida que no tiene sabor no satisface, y como ése es el objetivo último de comer, es muy probable que comamos más cosas dulces o saladas pero poco gratificantes, porque nunca obtenemos esa satisfacción que ansiamos.

Antes que menos grasa, su objetivo debería ser eliminar la mayor cantidad posible de grasa saturada de su dieta y reemplazarla por grasa no saturada. Comer alimentos balanceados, nutritivos y con rico sabor implica comer algo de grasa. ¿Cuántas formas se le ocurren para incorporar aceite de oliva, nueces, pescado y aguacate en sus comidas?

Grasas naturales

Mi regla general para elegir los alimentos en una forma lo más cercana posible a cómo Dios los proveyó es especialmente importante en cuanto a las grasas. Todo el aceite de oliva que coma debe ser extra virgen. Esto significa que el aceite fue prensado directamente de aceitunas frescas, como se ha hecho por miles de años. El aceite no virgen se extrae de aceitunas de calidad inferior o de pulpa de aceituna vieja usando calor, solventes, otros químicos y, a veces, lejías. Tiene pocos beneficios para la salud.

Los aceites vegetales extraídos de granos y legumbres siguen un proceso similar al del aceite de oliva no virgen. A diferencia de una aceituna o nuez madura, que prácticamente destilan aceite, los granos lo guardan en forma mucho más hermética. Si alguna vez intentó extraer aceite del maíz o de porotos de soja, es probable que no haya tenido mucha suerte. Las fábricas calientan las plantas a temperaturas extremadamente altas para descomponer su estructura y hacer salir el aceite, luego agregan solventes químicos para disolver las plantas aún más. *Entonces* aumentan la temperatura para eliminar los solventes. Lo que queda de eso no se ve muy apetitoso, así que lo blanquean y desodorizan para hacer que los consumidores lo compren. En este punto, no solamente se han destruido todos los nutrientes, también se ha producido una oxidación peligrosa. Es por eso que recomiendo que se acostumbre a usar aceite de oliva extra virgen u otros que digan "prensado en frío" para cubrir su necesidad de aceite.

Hasta los animales de los que dependemos para obtener carne se han vuelto menos saludables, gracias a la industrialización. Cuando la gente de los tiempos bíblicos comía cerdo o cordero, estaba comiendo animales que deambulaban libremente por los prados, comiendo pasto fresco y otras plantas verdes. Ahora a estos animales (al igual que las aves de corral) se los cría en establecimientos industriales, donde hacen poco o ningún ejercicio y comen más que nada residuos de grano. Estos animales tiene mucha más grasa insalubre que sus activos homólogos bíblicos, y menos de las vitaminas y antioxidantes que aportan las plantas verdes frescas. También les dan antibióticos para evitar que se contagien enfermedades en los lugares cerrados donde los conservan. Lo más probable es que la carne roja fuera mucho más saludable para nosotros cuando los animales llevaban una vida natural. Si realmente desea emular una dieta bíblica, busque carne en cuya etiqueta diga "alimentado con pasto", "de granja" u "orgánico".

Proteína

Hasta ahora, hemos discutido carbohidratos y grasas pero no hemos mencionado el más importante de todos los nutrientes: la proteína. Los carbohidratos y la grasa aportan el combustible y hacen las otras tareas especiales que he mencionado, pero la proteína lo constituye a usted. Usted *es* proteína. Sus músculos son proteína, sus órganos, su ADN, sus hormonas, y parte de sus huesos también. Muchas de las tareas especializadas que su cuerpo realiza las manejan moléculas de proteína. Para mantenerla a usted funcionando al máximo de eficiencia, y para reconstruir tejido cuando se rompe, usted necesita una provisión constante de proteína cada día.

Nadie ha encontrado muchas cosas malas que decir de la proteína. No causa enfermedad cardiovascular, no engorda, y tampoco le da sueño. He aprendido que necesito un alto porcentaje de proteína en mi dieta. Me encanta la pasta y podría comerla todos los días, pero un buen plato de spaghetti siempre me da sueño después. Si quiero que la tarde me rinda para algo, aprendí a evitar comer demasiado almidón y a comer un almuerzo alto en proteína. Me mantengo despierta y saludable, y me siento bien. Al igual que con la grasa, el sistema digestivo tarda un tiempo en descomponerla, por lo que es mejor que los carbohidratos para mantenerla satisfecha.

La forma más obvia de proteína es la carne animal. Aparte de la grasa, la carne animal es proteína. Los huevos constituyen otra fuente excelente. Los lácteos son altos en proteína, pero con frecuencia también en grasas saturadas, al igual que la carne roja. Las nueces, los porotos y las semillas tienen una fabulosa mezcla de proteína, fibra, vitaminas y otros nutrientes esenciales, sin grasa saturada. Haríamos bien en reemplazar algo de nuestro consumo de carne roja con estas fuentes vegetales de proteína, junto con pescado, pollo y pavo.

Grasa trans

Las más peligrosas de todas las grasas no existen en ningún lugar en la naturaleza. Son las grasas trans, que se hacen tomando aceites vegetales, que son grasas no saturadas, y transformándolos en grasas saturadas. ¿Por qué alguien haría tal cosa? Porque las grasas saturadas no se ponen rancias tan rápidamente, lo que alarga la vida en góndola de todos los alimentos procesados que contienen grasa, tales como margarina, papas fritas, galletas dulces, galletas saladas, productos de repostería, y mantequilla de maní. Pero cuando conozca el proceso de cómo se hacen estas grasas, querrá mantenerse alejada de ellas. Los aceites vegetales se sobrecalientan, luego se introducen burbujas de gas de hidrógeno hasta que se endurecen. ¡Puaj! (Debido al proceso del hidrógeno, estos aceites se denominan *aceites hidrogenados*; usted verá este ingrediente en muchos alimentos.) Las grasas trans tienen muchas más posibilidades de causar enfermedad cardíaca que la grasa saturada normal. Ahora el Departamento de Agricultura de los Estados Unidos ha reconocido los peligros de las grasas trans y exigió que se enumeren en la información nutricional de cada envase. Únicamente compre alimentos libres de grasa trans.

La farmacia de la naturaleza

Dios no solamente nos proporcionó todos los nutrientes que necesitamos para una vida con salud, sino que también proveyó las medicinas necesarias. Cada día los científicos descubren nuevos componentes curativos en frutas y vegetales. Los primeros en descubrirse fueron las vitaminas que todos conocemos, pero ahora los científicos se dan cuenta de que una vasta serie de componentes llamados *antioxidantes* son igualmente esenciales para nuestra salud. Distintos tipos de antioxidantes se encuentran en todas las frutas y los vegetales, y protegen diferentes partes del cuerpo, pero todos funcionan previniendo el daño que ocasionan los *radicales libres* y otras toxinas en el ambiente. Estas toxinas atacan las células y el ADN, causando desde enfermedad cardíaca y cáncer hasta enfermedades de los ojos, Alzheimer y piel floja. Pero los antioxidantes son capaces de unirse a éstas, neutralizarlas y eliminarlas del cuerpo. Cuanto más antioxidantes comamos, más protegidos estaremos contra la enfermedad y los efectos del envejecimiento. Cada vez que come frutas y vegetales, compra más tiempo para usted. Inclúyalas en cada comida, y pronto habrá retrasado significativamente el proceso de envejecimiento.

El conocimiento que tenemos de los antioxidantes y otros micronutrientes aún sigue evolucionando, entonces lo más seguro es comer diariamente una variedad de frutas y vegetales. No se quede sólo con las píldoras de vitaminas, aunque digan que tienen antioxidantes, porque los alimentos naturales contienen cientos, quizás miles de componentes aún no identificados que combaten enfermedades, y ésos no están en las tabletas de vitaminas. Y estos componentes quizás funcionen mejor en las combinaciones que Dios proveyó. Los suplementos nutricionales son importantes, pero funcionan mejor cuando los tomamos junto con los alimentos que Dios planeó que comamos.

Aquí tiene una lista de varias frutas y verduras que son particularmente buenas para prevenir ciertas enfermedades:

Brócoli, repollo, repollitos de Bruselas ➡ cáncer de colon, enfermedad cardíaca

Espinaca, col, otras verduras de hoja ➡ cáncer de colon, cáncer de estómago, enfermedades de los ojos, enfermedad cardíaca

Cebollas, ajo, puerros, chalotes ➡ cáncer de estómago, enfermedad cardíaca

Zanahorias, batatas, calabacines ➡ cáncer de pecho, estómago, boca, garganta y pulmón

Tomates, sandía ➡ cáncer de próstata, estómago y pulmón

Arándano, frutilla, manzanas, repollo colorado, chocolate (sin azúcar), remolachas, ciruelas ➡ enfermedad cardiovascular

Colesterol en los alimentos: falsa alarma

Una vez que los científicos descubrieron que el colesterol en la sangre era el responsable de las arterias tapadas, sonó la alarma para evitar los alimentos altos en colesterol. Los huevos eran los peores culpables, y repentinamente el consumo de huevos disminuyó bruscamente porque la gente los consideraba "un ataque al corazón en un plato". Pero resulta que no había razón para alarmarse. Los huevos no aumentan el riesgo de enfermedad cardíaca . De hecho, casi no existe relación alguna entre el colesterol que usted come y el nivel de colesterol de su sangre. Su cuerpo produce colesterol de las grasas saturadas y grasas trans, y ésas son las que debe evitar en las comidas. No se preocupe por el contenido de colesterol de los alimentos, y tampoco se preocupe respecto de comer huevos. En realidad, es uno de los alimentos más perfectos de la naturaleza, lleno de proteína, grasa saludable, y vitaminas difíciles de obtener tales como D y B_{12}. ¡Sólo no debe freírlos en mucha manteca y derretirles una gruesa rodaja de queso encima!

Además de lo que tienen, los alimentos naturales también son importantes por lo que *no* tienen. Nada de antibióticos, colorantes, o conservantes. Nada de sabores artificiales o químicos cancerígenos. Nada de "grasa artificiales" creadas en laboratorios o sustitutos del azúcar difíciles de digerir. Muchos de los ingredientes de cinco sílabas que ve en la lista de ingredientes de productos envasados no han demostrado ser peligrosos —pero tampoco han demostrado ser seguros.

La meta: el equilibrio

Cuando hablé de invertir en su salud, le dije que tendría que invertir un poquito de tiempo en aprender cuáles son los alimentos sanos para comer, y quizás este capítulo la puso a prueba. Le he dado mucha información. A la mayoría de las personas no les gusta seguir ciegamente las órdenes de otro; están mucho más dispuestas a hacer algo si entienden por qué lo hacen. Ahora que ve cómo afectan al cuerpo los diferentes tipos de alimentos, espero que entienda por qué es tan importante —y tan sencillo— llevar una dieta saludable y balanceada. La Biblia nos dice que debemos mantenernos sobrios para que el enemigo no encuentre una puerta de entrada a nuestras vidas (1 Pedro 5:8). El exceso es el parque de diversiones del diablo.

Como en todas las áreas de la vida, el sentido común es clave. Es absurdo pensar que una galleta dulce va a hacer colapsar su salud. Es igualmente absurdo pensar que puede comerse un plato lleno de postre dos veces por día sin consecuencias. La moderación es el camino correcto en

> *La moderación es el camino correcto en todas las cosas.*

todas las cosas. Si come una golosina de vez en cuando, en fiestas de cumpleaños o cenas, eso es una parte maravillosa de la vida. Pero una amiga mía dice que no puede probar una galleta dulce sin comerse la caja entera, así que sabe que no debe comer esa primera galleta. La Biblia dice que si su ojo le es ocasión de caer, entonces debe sacarlo y echarlo de sí (Mateo 18:9). Esto significa que si algo en su vida amenaza con hacerle caer, debe quitarlo de su vida.

Usualmente no tenemos que irnos a tales extremos. Un poquito de azúcar no la va a matar. Tampoco un poquito de pasta, pan blanco, panceta o filete. La mayoría de nosotras somos lo suficientemente maduras como para matizar la indulgencia ocasional en un patrón general de comidas saludables y balanceadas.

Busque ese equilibrio en su plato. La variedad de color es una buena señal; significa que va a consumir una linda mezcla de vitaminas y antioxidantes. Permítase algo de carbohidratos para la energía —preferentemente los de grano entero como el arroz integral, trigo integral, granos de maíz, o frijoles— pero asegúrese de balancearlos con abundante proteína y grasa saludable, como aceite de oliva o aguacate. Aunque coma carbohidratos refinados, como azúcar o arroz blanco, al comer proteína y grasa juntas, éstas se mezclarán en su estómago y se retrasará la velocidad con la que el cuerpo absorbe los carbohidratos —lo que significa menos picos de azúcar en sangre. Es por eso que un poquito de helado sería una mejor idea que una dona sola a media tarde. La proteína del helado ayuda.

Ante todo, *no se aflija por lo que come.* El propósito de toda la información que le he dado en este capítulo no es abrumarla con la preocupación de rastrear el contenido nutricional de cada bocado que se lleva a la boca; es para hacer que se dé cuenta de que comer saludable simplemente implica rotar una variedad de buenos alimentos a lo largo de su semana. ¡La mayoría de los alimentos son buenos para usted! Únicamente no caiga en el hábito americano de depender demasiado de unos pocos —carne de vaca, papas, azúcar, etcétera— que sólo deberían consumirse una o dos veces por semana. Mientras el cuerno de la abundancia de Dios cruce por su plato cada semana, y la mayor parte de él se vea más o menos como cuando vino de la granja, usted estará bien.

Cinco maneras de poner en práctica la alimentación balanceada

Una cosa es decir: "Coma más vegetales, frutas, y granos integrales; coma menos carne roja, harina blanca, y postre". Otra cosa es hacer que suceda.

1. Haga sagrados los alimentos

Aprenda a hacer todo para la gloria de Dios, incluyendo el comer. Observe el plato de su cena y pregúntese si lo que está a punto de comer es en su mayoría lo que Dios creó para usted. No vea el comer como un hecho secular que no tiene nada que ver con su relación con Dios . No olvide que Dios puso a Adán y Eva en el jardín del Edén y les dijo lo que podían comer. Si comer no tuviera nada que ver con su andar con Él, probablemente no habría mencionado el alimento. ¡Haga buenas elecciones! Cada vez que escoge alimentos buenos y saludables, está escogiendo la vida, que es el regalo de Dios para usted. Él quiere que se vea espléndida y se sienta fabulosa, y usted puede hacerlo si tiene presente que su cuerpo es el templo de Dios y que el combustible que le pone determina cómo va a funcionar y por cuánto tiempo.

2. Evite los carbohidratos refinados

Mucho de los altísimos índices de obesidad y la incidencia de enfermedad y ataque cardíacos relacionada con ellos son causados por la enorme cantidad de carbohidratos refinados que consumimos. (El resto es por la falta de ejercicio.) Éste viene principalmente como harina blanca (en pan, galletas saladas, pasta, tortillas, pasteles, galletas dulces, donas, productos de repostería, pretzels), patata (patatas fritas, patatas fritas envasadas), y azúcar, jarabe de maíz y otros endulzantes. En promedio, cada una de nosotras come por año treinta y tres libras (15 Kg) más de azúcares y sesenta y cuatro libras (29 Kg) más de grano (mayormente harina blanca) que hace treinta años. De las 425 libras (193 Kg) de "vegetales" que comemos, ¡más de 100 libras (45.4 Kg) son patatas fritas y patatas fritas envasadas! Con sólo hace un esfuerzo por evitar estos productos, sin hacer nada más, logrará maravillas en su salud. Hagámoslo realmente simple: elija siempre la guarnición de ensalada o vegetales en lugar de las patatas fritas. No coma arroz a menos que sea integral, y cambie por el pan multigrano. ¡Nada de esto es una dificultad! La diabetes es una dificultad. Las sillas de ruedas son una dificultad. La buena salud es sencilla.

3. Sea implacable con las frutas y los vegetales

Si tiene un espíritu pasivo cuando se trata de comer, entonces las cadenas de restaurantes y las compañías envasadoras de alimentos norteamericanas van a hacerle tragar un montón de cereal barato. Los vegetales son más caros que el cereal, y se ponen feos, y por eso no les convienen a las compañías alimenticias que quieren maximizar las ganancias. ¡Ese pan en el medio del Big Mac no está allí para su beneficio! Es la manera absolutamente más barata de hacer que el sándwich parezca más grande. Lo mismo sucede con las canastas de pan que ponen en su mesa en un restaurante: es la forma más rápida y barata de llenar su estómago. Estos carbohidratos baratos no aportan mucha nutrición, pero saben bien, por lo que si no hacemos el esfuerzo de buscar nuestras frutas y vegetales frescos, nuestros cuerpos se llenarán alegremente de patatas fritas, pan y azúcar hasta enfermarse. La mejor defensa es un buen ataque, y yo quiero que sea *ofensiva,* si eso fuera necesario para que le den algo decente para darle a su cuerpo. Elija sus restaurantes y menús por los vegetales. Me encantan aquellos que ofrecen varias opciones de vegetales al vapor. Use fruta para cortar el hambre de raíz. Es imposible aumentar de peso o estar mal de salud por comer demasiadas frutas o vegetales — su contenido de agua y fibra lo impiden— así que cómalas decididamente, y piense en ellas como un arma para su batalla contra los Twinkies[a] de este mundo.

- Asegúrese de comer al menos una fruta o verdura con *cada* comida. (Y no, ¡el ketchup no es un vegetal!)

- Como entrada, sirva vegetales crudos (brócoli, zanahoria, tomate, pimientos) con un aderezo saludable.

- Haga de la fruta su refrigerio favorito.

Nota a la traducción:
[a] Twinkies: Bollo esponjoso relleno de crema creado durante la Gran Depresión. Se ha convertido en un icono de la pastelería industrial y un fiel reflejo de la cultura popular estadounidense.

- Se sabe que he entrado a restaurantes de comidas rápidas armada con fruta, queso blanco, y bastones de zanahoria. Si mi familia quiere comer en un lugar donde venden hamburguesas y yo no quiero luchar con la tentación, me detengo en un minimercado, compro mi propia comida saludable, y la llevo conmigo. ¡Drástico, pero funciona!

4. Reemplace la grasa saturada y la grasa trans por la no saturada

La manera más fácil de hacer bajar su riesgo de enfermedad cardíaca es comer menos carne roja, lácteos, y alimentos procesados hechos con aceites hidrogenados, y comer más pescado, ave, aceite de oliva, nueces, y aguacates. Esto no quiere decir que no pueda comerse un bistec de vez en cuando, pero sí significa que no debería comer manteca con cada comida.

- Cene pescado dos veces por semana.

- Coma pechuga de pavo o sándwichs de atún en lugar de carne asada o jamón.

- Evite la panceta y las salchichas.

- Use aceite de oliva sobre el pan y en aderezos.

- Agregue nueces y aguacates a los sándwichs y ensaladas en lugar de demasiado queso.

5. Equilibre su plato

Observe el típico plato de comida estadounidense, ¿y qué ve? Una enorme pila de costillitas chorreando por un costado, otro montículo de puré de patatas, un pan gigantesco, y una pequeña porción de ensalada o ensalada de col tratando de que no la empujen fuera del plato. Usted puede comer todas estas comidas (y toda otra cosa que le guste comer), sólo debe cambiar la proporción. Esa ensalada u otro vegetal (o, dé un grito de asombro, *dos* vegetales), debería ocupar la mitad de su plato, mientras que la carne y el almidón deben ocupar un cuarto cada una.

➤➤➤ HÁGALO ➤➤➤

"Pero sed hacedores de la palabra, y no tan solamente oidores."

(Santiago 1:22)

Elija al menos una acción que pueda hacer para comer alimentos más saludables. Escríbala abajo, *comprométase a hacerla* y comience hoy mismo.

Acción: _____

➤ CLAVE 6 ◄

Hidrate su vida

Usted está compuesta por dos tercios de agua, así como la tierra está compuesta por dos tercios de agua y un tercio de tierra seca. (Y el contenido salino de la sangre es asombrosamente cercano al del agua de mar.) Usted, y todas las criaturas vivientes, deben mantener exactamente ese contenido de agua. Si desciende por debajo de lo normal, aparece la enfermedad. El agua es tan fundamental para nuestra existencia que la Biblia la compara con la Palabra de Dios. Mojamos nuestros cuerpos con agua natural y nuestras almas con el agua de la Palabra de Dios.

> Para hacerla santa. Él la purificó, lavándola con agua mediante la palabra, para presentársela a sí mismo como una iglesia radiante, sin mancha ni arruga ni ninguna otra imperfección, sino santa e intachable.
>
> Efesios 5: 26-27, NVI

Así como el agua de la palabra de Dios lava nuestras almas de la suciedad espiritual, el agua baña cada una de nuestras células haciendo un fluido mantenimiento vital. También es el fluido que se encuentra *dentro* de dichas células. Los conductos de agua de su cuerpo son la forma en la que se transportan los materiales a las células y el medio por donde se eliminan los desechos de las mismas, así como las aguas de los Estados Unidos eran las mayores rutas de transporte antes del automóvil.

Sin agua, la energía no puede llegar desde el alimento a los músculos y el cerebro, no se eliminan los desechos, los riñones no pueden funcionar, y el sistema inmune no puede circular. Usted tampoco puede enfriarse a sí misma; esas gotitas que se expulsan a través de la piel en forma de sudor son el modo que usted tiene de eliminar el exceso de calor. Usted puede perder un cuarto de galón de agua por medio del sudor si hace ejercicio intenso durante una hora. Si quiere que las células funcionen en su punto máximo —y todo lo que hacemos o pensamos depende del funcionamiento de las células—, es necesario que le dé a su cuerpo el agua suficiente para hacer su trabajo.

Simplemente cambie las bebidas calóricas por agua y vea cómo disminuye su peso.

Si no obtenemos el agua que necesitamos, las cosas se ponen feas. Usted puede hacer una huelga de hambre durante un mes y no sufrir problemas peores que un guardarropas holgado, pero haga una huelga de agua durante más de un día y las consecuencias son serias. La deshidratación grave comienza con náuseas, mareos y confusión, y conduce a calambres musculares, insuficiencia renal, y a la muerte.

Aun la deshidratación leve tiene consecuencias importantes. Cuando en su cuerpo baja el nivel de agua, a la sangre le resulta más difícil transportar combustible y otros nutrientes a las células, por lo que su nivel de energía disminuye. Su cerebro tampoco puede funcionar a pleno. Quizás usted ni siquiera se dé cuenta de que tiene sed, pero las pruebas están allí: fatiga, mal humor, y falta de concentración. Si eso le pasa a usted, todas las tardes, entonces es probable que no esté bebiendo suficiente agua. Y si trata de arreglar la fatiga con café o gaseosa cola, es aun peor: quema más rápido la energía restante y el café, que es diurético, la dejará aun más deshidratada. Usted se sorprendería de ver cuántos bajones de ánimo vespertinos se pueden solucionar con agua.

Deje que la deshidratación leve siga adelante y sufrirá más. Sequedad y picazón en los ojos, piel seca que no "se recupera rápidamente" cuando la pellizca, constipación, y cálculos renales. Otros efectos a largo plazo pueden ser incluso más insidiosos. Un amigo mío tenía un padre que comenzó a mostrar signos de la enfermedad de Alzheimer: confusión, mala memoria, etcétera. Mi amigo es un hombre de oración, y pidió a Dios que le mostrara cómo podría ayudar a su padre. ¡Se le cruzó por la cabeza que su padre nunca bebía agua! Decía que no le gustaba el sabor. Entonces mi amigo convenció a su padre de que bebiera agua, y efectivamente los signos de la enfermedad desaparecieron. Esto no quiere decir que el agua cure el Alzheimer. Significa que la deshidratación crónica puede ser una causa de síntomas similares a los de esa enfermedad.

No espere a que la sed le diga cuándo necesita más agua. La sed no siempre es confiable, especialmente en los ancianos. Usted se acostumbra a sentirse de muchas maneras distintas, algunas de ellas malas. ¡No se acostumbre tanto a tener sed que no se dé cuenta! Una empleada mía cambió otras bebidas por agua a lo largo del día y se quedó asombrada al ver que se sentía mucho mejor. "Si una persona bebe más agua, ¿eso puede hacer que tenga sed?", preguntó. Una vez que comenzó a beber agua, tuvo sed. ¡Su cuerpo le pedía a gritos más, más, más agua! Dele a alguien a probar una pizca de libertad, y querrá mas. Deje que su cuerpo sediento pruebe el agua buena y pura, y de pronto éste se dará cuenta de lo que se ha estado perdiendo, y se activará la alarma de la sed.

El agua y la pérdida de peso

Aunque usted no lo crea, beber agua la ayuda tremendamente con las metas de bajar de peso. Esto es en parte porque el agua tiene la capacidad de incrementar el metabolismo, como señalé antes. Beba más agua y quemará unas cuantas calorías más por hora, sin tener en cuenta el ejercicio. El agua también ayuda a llenar el estómago —temporalmente. Pero eso puede hacer la diferencia si disminuye la velocidad al comer y da tiempo al cuerpo para darse cuenta de si está satisfecho antes de que coma de más.

Sospecho que la razón por la cual mucha gente necesita comer algo ligero a lo largo del día es la deshidratación, más que la poca energía.

Puesto que la deshidratación leve se registra como fatiga y falta de concentración, antes que como sed, mucha gente confunde esa sensación con el hambre. Creen que tienen "baja azúcar en sangre" y necesitan comer algo. Acaban comiendo algo a lo largo de todo el día, o yendo a la cafetera una y otra vez, cuando todo lo que necesitan es un vaso alto de agua fría para reanimarse por completo.

Pero la mayor razón por la que el agua es un regalo de Dios para adelgazar es que cuando bebe agua, *no* está bebiendo otras cosas: gaseosas, batidos, té o café helado con azúcar, bebidas energizantes, etcétera. Los estadounidenses ingieren más de 400 calorías en bebidas en un día promedio, y eso equivale a cuarenta libras (18 Kg) por año de peso extra.

Hace poco visité a una pariente mía que no había visto durante meses. Lucía espléndida, y le pregunté si había adelgazado. Había bajado veinticinco libras (más de 11 Kg). "Todo lo que hice fue comenzar a beber mucho agua", dijo. Ahí está la dieta más simple que jamás verá. Nada de cambios en las comidas o ejercicios; simplemente cambie las bebidas calóricas por agua y vea cómo esas libras desaparecen. Si tiende a beber más de dos gaseosas o jugos por día, puede equivaler a veinte o treinta libras (9 o 14 Kg) al año. Nunca encontrará una forma más fácil de mejorar su salud y su figura que suprimiendo esas bebidas innecesarias de su dieta.

Al principio, esto puede parecer difícil. La buena agua es deliciosa, pero a las papilas gustativas embotadas por el azúcar quizás les resulte difícil apreciarla. Si está acostumbrada a saborear azúcar en cada sorbo, al principio sentirá que le falta algo. Sus papilas necesitarán algún tiempo para reajustarse. ¡Pero se reajustarán! Después de unas semanas, estará del otro lado de la cerca, y esas bebidas azucaradas le sabrán horrible. Se preguntará cómo pudo haber bebido algo tan dulce. El agua tiene para mí un sabor mucho más refrescante que cualquier otra cosa. No la bebo simplemente porque sé que es buena para mí. La bebo porque me encanta, y me hace sentir bien.

¿Cuánta agua necesita? Una fórmula muy conocida es pesarse, dividir por dos, y beber esa cantidad de onzas de líquido por día. Ocho onzas equivalen a una taza (227 gr), por lo que si pesa 128 libras (58

Kg), debería beber ocho tazas (aprox. 2 litros) de agua por día. Si pesa 160 libras (73 Kg), debería beber diez (2.36 litros). No todo tiene que ser beber agua. Otros líquidos cuentan, incluyendo la que le aportan sus frutas y vegetales.

¿Qué decir de la cafeína?

Hace años eliminé la cafeína de mi vida. Fue una de las cosas más difíciles que tuve que hacer. Adoraba mi café. No había nada que me gustara más que levantarme temprano y tener un tiempo de quietud con el Señor con una taza de café caliente recién hecho. Pero finalmente llegué a aceptar que el café ya no estaba más de acuerdo con mi sistema. ¡Hice todo lo posible por aferrarme a la cafeína! Disminuí gradualmente la cantidad de café común que bebía y lo reemplacé por descafeinado. Nunca me sabía bien, y mi sistema seguía alterado. Como mi cuerpo estaba tan estresado, era necesario que suprimiera la cafeína por completo durante un tiempo. Adopté el descafeinado. El café perdió mucho de su brillo para mí.

Pero en estos últimos años, cambié esto por completo. Ahora estoy más saludable y aprendí que la cafeína en sí misma no constituye necesariamente un problema. Las bebidas con cafeína, como el café, el té y la gaseosa, son simplemente estrés de baja graduación en una taza. La cafeína hace que en su cuerpo se produzcan todos los cambios clásicos que suceden en respuesta a cualquier estrés físico o mental: el corazón se acelera, aumenta el ritmo de la respiración, los sentidos se agudizan, y su cerebro cobra velocidad. Esto produce una sensación agradable, al igual que muchos otros estimulantes suaves, como el ejercicio, los juegos en los parques de diversiones, ¡y hasta el enamorarse! Como explicaré en mi capítulo sobre el estrés, únicamente se convierte en un problema cuando se sale de control en nuestra vida, causando enfermedad, insomnio y envejecimiento prematuro. Nuestros cuerpos fueron creados para manejar un nivel normal de estrés pero, lamentablemente, en los Estados Unidos del siglo veintiuno, el estrés está fuera de control en la mayoría de nuestras vidas.

Eso fue lo que me sucedió a mí. Estaba hecha un guiñapo, mi sistema estaba día y noche bajo excesivo estrés, y el café venía a echar más combustible al fuego. Entonces lo dejé por completo. Pero una vez que hice en mi estilo de vida los cambios necesarios para reducir el estrés a niveles normales, descubrí con gran alegría que podía beber un cafecito cada mañana sin repercusiones. Ahora disfruto de una taza de capuchino a la mañana y otra a la tarde. Me reanima justo cuando lo necesito, y tengo cuidado de evitar excesos en esta área.

Le agradará saber que los nutricionistas dan el visto bueno a la cafeína. En dosis moderadas no causa problemas de salud. (Estudios anteriores vinculaban a la cafeína con numerosos trastornos de salud, pero resultó ser que era porque muchos de los que bebían cafeína también fumaban, y era el cigarrillo la causa de dichos trastornos.) La cafeína incluso ayuda a reducir su posibilidad de desarrollar cálculos renales, cálculos biliares y depresión. Lo más asombroso de todo, un importante estudio realizado en 2005 descubrió que el café ¡es sin lugar a dudas la mayor fuente de antioxidantes de los estadounidenses! Beber muchas tazas al día, sin embargo, causa los clásicos síntomas del alto nivel de estrés —insomnio, ansiedad, temblores, y problemas digestivos— y puede contribuir a la osteoporosis. También es adictivo; si lo deja abruptamente le dará un feo dolor de cabeza. Limítese a dos o menos tazas al día y no tendrá preocupaciones.

Otras bebidas

Todo lo que beba suma para su meta de líquido a ingerir, pero muchas bebidas pueden venir con una desagradable e innecesaria paliza calórica. Éstas son las calorías de algunas ofertas que encontrará en los minimercados:

Jugo de pomelo (16 oz.) (aprox. 1/2 litro)	280
Leche (16 oz.) (aprox. 1/2 litro)	220
Gaseosa cola (16 oz.) (aprox. 1/2 litro)	200
Té helado (16 oz.) (aprox. 1/2 litro)	160

Algunas de estas bebidas tienen valores rescatables. Los jugos de frutas (si son frescos y cien por ciento jugo) contienen vitaminas. La leche tiene vitaminas y proteínas. La leche descremada es una bebida excelente; la leche entera tiene un contenido muy alto de grasa saturada. Las gaseosas, el té dulce, y las "bebidas energizantes" sólo son agua azucarada disfrazada.

Afortunadamente, en cada minimercado y supermercado también se vende agua mineral envasada de buena calidad, y agua mineral con gas para los que quieren animar un poco las cosas. También están las bebidas dietéticas. Son libres de calorías, y resultan más indicadas que las gaseosas comunes o el té dulce. Si la ayudan a dejar la adicción al azúcar, entonces son beneficiosas. Pero han surgido algunas preocupaciones por la salud respecto de algunos de los endulzantes artificiales. La nueva generación parece ser más segura, pero no se han hecho estudios a largo plazo en personas porque son edulcorantes demasiado nuevos. Y hay algo fundamentalmente sospechoso en presentar como alimento nuevos químicos artificiales con los que ningún cuerpo humano se había encontrado antes. Y tampoco logrará que sus papilas gustativas despierten de su estupor azucarado si las mantiene enganchadas a la gaseosa dietética. Personalmente, me limito a bebidas que tengan una larga trayectoria de ser seguras: agua, agua mineral con gas, té de hierbas, y un ocasional jugo de fruta.

Cinco maneras de mantenerse hidratada

1. Haga que el agua tenga buen sabor

El pésimo sabor del agua del grifo es un serio impedimento para beber ocho tazas de agua por día. Esta tarea no debería ser una tortura para usted, debería resultarle placentera y sin complicaciones. Haga lo que sea necesario para que el beberla resulte algo que usted espera ansiosamente; ésa es la única forma de saber que continuará haciéndolo. Algunas ideas:

- Coloque un filtro en el grifo

- Compre agua embotellada

- Exprima un pedazo de limón en cada vaso

- Prepare té helado de hierbas

- El café y el té descafeinados son una buena opción, aunque no saben muy bien

Como último recurso, hay nuevas líneas de aguas saborizadas, ligeramente endulzadas. Con sólo unas pocas calorías por vaso, constituyen un buen "puente" en su transición de las bebidas dulces al agua.

2. Lleve agua a todas partes

Usted puede acordarse de que debe beber más agua, pero si no la tiene a la mano, no lo hará. Asegurarse de tenerla siempre a mano contribuirá mucho a establecer su nuevo hábito. Yo llevo agua conmigo a todas partes —reuniones de negocios, iglesia, viajes en automóvil, todo lo que se le ocurra. Siento ganas de beber agua la mayor parte del tiempo, aunque bebo agua durante todo el día. Beberla me recuerda cuánto mejor me siento cuando estoy totalmente hidratada, y mi cuerpo está ansioso por mantenerse así. Tenga botellas de agua en su auto, en su casa, y en su oficina, para que ni siquiera tenga que pensar en ir a buscarla. Y cuando va a un restaurante y la camarera le sirve el agua, ¡bébala! ¿Para qué pedir otra bebida que no necesita?

Cuando estoy de viaje para ministrar, llevo conmigo dos portabotellas de agua —¡uno plateado y el otro dorado! De esa forma puedo combinarlos con cualquier conjunto, estoy a la moda, y me aseguro de tener agua conmigo en todo momento.

3. Haga que su agua la llame

Si le cuesta acordarse de que debe beber un vaso de agua cada una o dos horas, permita que la tecnología resuelva su problema: ¡programe su teléfono celular para que suene cada hora como recordatorio para beber agua! Ésa es una respuesta drástica para asegurarse de que no le suceda con el agua aquello de que "ojos que no ven, corazón que no siente". Y algunas más:

- Por la mañana llene una jarra con agua helada, en casa o en el trabajo, donde sea que vaya a pasar el día, y téngala frente a usted como un recordatorio para beber. Así se dará cuenta de si se ha descuidado durante el día.

- Lleve una lista de control del agua que toma cada día. ¡Es fácil perder la cuenta!

- Haga un ritual del beber agua. Conéctelo con momentos específicos a lo largo del día como recordatorios naturales. La forma más fácil probablemente sean las comidas. Beba un vaso de agua al comienzo de cada comida. Se asegurará de haber bebido su agua, y es muy probable que coma menos, como ventaja adicional. Hacerlo por la mañana a primera hora es un excelente momento, para activar el metabolismo. Justo antes de acostarse no es tan bueno, porque puede impedirle dormir durante la noche.

4. Coma fruta todos los días

La fruta puede tener un ochenta por ciento de agua o más, por lo que si come varias frutas al día (como debería), esto le aporta un vaso extra de agua. Algunos vegetales también poseen un alto contenido de agua. Ciertamente no puede esperar satisfacer todos sus requerimientos de líquidos por medio de los alimentos, pero todo cuenta.

5. Instale un enfriador de agua

Los estudios han demostrado que si la gente ve enfriadores de agua, es más probable que se sirva agua de allí antes que beber la del grifo. El enfriador de agua funciona como una sutil sugerencia y la gente confía en que de allí sacará agua de buen sabor. Si su oficina no tiene uno, sugiera que lo instalen. Ayudará a mejorar la salud de toda la oficina. Y también en el hogar funcionan asombrosamente bien.

➤➤➤ HÁGALO ◄◄◄

"Pero sed hacedores de la palabra, y no tan solamente oidores."

(Santiago 1:22)

Elija al menos una acción que pueda poner en práctica para beber más agua cada día. Escríbala abajo, *comprométase a hacerla* y comience hoy mismo.

Acción: _____

➤ CLAVE 7 ≺

Tome conciencia de lo que come

Vea si algo de esto le suena familiar:

Cada vez que saca del refrigerador un tentempié para sus hijos, se pone un bocado en la boca. La mitad de un trocito de queso, una rodaja de jamón, una cucharada de manteca de maíz.

Usted no tiene intención de comer el pastel que hornea, pero le pasa la lengua al bol de la masa y al cuchillo con restos de glasé hasta dejarlos limpios.

En la cafetería pide una magdalena todos los días, pero desecha la mitad para "ahorrar calorías".

No ordena postre porque está a dieta, pero pide a su esposo que le dé varios bocaditos del suyo.

Compra barritas miniatura de chocolate, las esconde, y sólo come una por día, diciéndose que si son miniatura, no cuentan.

¿Le suena algo de esto? Todos éstos son malos hábitos que adquirí en el pasado por descuido. Mi conciencia me decía que me alimentaba en forma responsable, y si usted observaba mis tres comidas principales, era así. Pero todos los días comía muchas cosas extra y ni siquiera me daba cuenta. Me comía lo que habían dejado los chicos. Probaba la comida mientras cocinaba. Saqueaba el postre de mi marido.

¡Y esas barritas de chocolate! Eran tan pequeñas que imaginé que las podía ignorar. Sólo tenían 100 calorías cada una, que no parece mucho, pero me estaba comiendo una por día. Tome cualquier alimento que come todos los días, divida sus calorías por diez, y ésas son las libras de diferencia que le hace en un año. ¡Esa barrita de chocolate del tamaño de un bocado me estaba agregando diez libras (4.5 Kg) por año! Una vez que me di cuenta de eso, las dejé inmediatamente. No valía la pena. Dos segundos de placer por culpa constante y aumento de peso.

Debemos tomar decisiones serias si vamos a hacernos responsables de nuestros cuerpos. Yo me deshice de mis malos hábitos alimentarios haciendo el compromiso de que cada bocado que me llevara a la boca sería una decisión consciente. Esto es más difícil de lo que parece. Un número pasmoso de las calorías que consumimos cada día son independientes del hambre. Usted sabe cómo es. La caja de donas o el pastel de cumpleaños en la oficina. La gaseosa cola o el té helado en el coche mientras conduce. Y el clásico: mientras mira TV a la noche, ¿come "alguna cosita" para mantener las manos y la boca ocupadas? ¿Patatas fritas? ¿Helado? La mayoría lo hacemos, aunque se trate de unas "virtuosas" 100 calorías de uvas.

Diga que tiene una voluntad de hierro y nunca consume una sola caloría mientras conduce, en la oficina, o mira televisión. ¿Se ha librado del comer en forma mecánica? No necesariamente. "Repetir" podría ser su falla. Usted limpia su plato y automáticamente lo vuelve a llenar, y si las fuentes están sobre la mesa, se hace aún más fácil. Si está en la casa de un pariente o un amigo, por cierto le ofrecerán más —y sería descortés de su parte no aceptar, ¿no es así? Mucha gente considera el repetir como una parte automática de la comida y nunca se detienen a decidir si aún tienen hambre o no.

Y después están los restaurantes. No le ofrecen repetir; hacen algo aún más subrepticio. Le sirven porciones tan enormes que su primera porción en realidad es su primera porción más una segunda combinadas. Piense en el tamaño de las hamburguesas que se comen hoy en los restaurantes de comidas rápidas, comparadas con las pequeñas hamburguesas con queso de cuando éramos niños. O las pastas que acostumbrábamos comer afuera, comparadas con, digamos, la pasta con pollo Cajún (1,190 calorías, 56 gramos de grasa) que sirven en cierta cadena de restaurantes, ¡y ni siquiera la promocionan como una porción grande!

¿Cómo se llegó a comer en forma tan descuidada? ¿Somos todos sencillamente un fracaso moral? ¿Debiluchos que no podemos controlar nuestra glotonería?

No lo creo. Vivimos en un tiempo único. Nunca antes en la historia humana hemos tenido al alcance tanta comida tan barata todo el tiempo. Nos detenemos a cargar gasolina, y hay comida. Vamos al trabajo, y hay comida. Nos detenemos en Wal-Mart o Costco, y hay comida. Hay comida en nuestra sala de estar, en los cajones del escritorio, en nuestra guantera. Hay comida en los aviones, en los moteles, y en las salas de conferencias. Hay comida en la playa, en la feria del condado, y en el cine. Hay máquinas expendedoras en cada escuela.

Satanás se especializa en las tentaciones, y está haciendo un magnífico trabajo al ponerlas en la esquina de cada calle. La mayoría de nosotros es lo suficientemente fuerte como para resistir una tentación ocasional, pero pocos tienen la fuerza de voluntad heroica necesaria para resistir constantemente. Parte del problema es que cuando vemos comida a nuestro alrededor, y que otros la están comiendo, nuestro contexto cambia. Parece normal estar masticando algo como los demás. La chica del mostrador del restaurante de comidas rápidas nos pregunta si deseamos probar un pastel de manzana con eso (y se mete en problemas si se olvida). ¡Qué buena idea!

Una vez, mi esposo Dave y yo una vez estábamos de viaje de negocios con un hombre que tenía treinta o cuarenta libras (aprox. 14 o 18 Kg) de sobrepeso y siempre estaba buscando qué llevarse a la boca. No tenía que desviarse de su camino; le ofrecían comida a lo largo el día, y siempre aceptaba. El hotel ponía bombones sobre las almohadas de cada habitación, e instantáneamente se puso unos cuantos en la boca y se aseguró de guardarse el resto en los bolsillos. Prácticamente vació el bol de caramelos de menta que había en el lobby. Cada vez que pasábamos por una cafetería entraba y salía con alguna bebida espumosa cargada de chocolate y crema batida. En lo que a mí respecta, él no le daba mucha importancia a nada de esto. Simplemente veía la comida y trataba de alcanzarla como un niño.

Debemos mantenernos alerta contra ese constante susurro de comer, comer y comer. Como expliqué en la Clave 1, pocas de nosotras podemos hacerlo por pura fuerza de voluntad, y necesitamos invocar a Dios para que nos ayude a estar conscientes en todo tiempo. Tener conciencia de lo que comemos puede ser tan importante para lucir y sentirnos espléndidas como lo es comer los alimentos correctos.

¿Qué es comer conscientemente? Sencillamente es estar presente, realmente presente, toda vez que decide llevarse una comida o bebida a la boca. Significa preguntarse: *¿Tengo hambre? ¿Realmente deseo esto?* Una de las preguntas más reveladoras que hay que hacerse es *¿Sabe bien?*

Simplemente cambie las bebidas calóricas por agua y vea cómo disminuye su peso.

Puede ser asombrosa la cantidad de veces que dirá "no" a alguna comida que estaba a punto de llevarse a la boca.

¿Esto sabe bien? también puede librarla de comer demasiado. La próxima vez que coma, digamos, helado, esté hiperatenta a su experiencia. El primer mordisco hará que se le caigan los calcetines. ¡Pocas experiencias en la vida pueden competir con la primera mordida a un cucurucho de helado! El segundo mordisco está bastante bueno, también, aunque el cerebro no riza el mismo rizo. Pero note lo que sucede cuando va por la mitad de ese cucurucho: se da cuenta de que apenas le siente el sabor. Se ha acostumbrado a él, y todo lo que en realidad registra entonces es un dulzor general. Pero a esas alturas ya ha aparecido el instinto de *comer* y usted está tragando tan rápido como puede, sea que el helado le dé o no un quebradero de cabeza. En ese punto, alguien que realmente come de modo consciente arroja el resto del cucurucho a la basura. Ya ha tenido su placer, ya no le siente mucho el gusto; no es bueno para usted, entonces ¿por qué comerlo?

Esto no se aplica únicamente al helado. El sabor de cualquier comida comienza a desaparecer después de que nos acostumbramos a él. Desarrolle el hábito de dejar su plato por la mitad y estará mucho mejor que si automáticamente limpia el plato. Sé que hay niños con hambre en el mundo, pero no veo cómo llenarse la boca de comida y estar excedida de peso vaya a ayudarlos. Cuando toma el control de las porciones, no come más de lo que necesita. Si está en un restaurante donde las porciones son demasiado grandes, divida la comida con otra persona o deje algo en el plato.

Hablando de hambre, es tiempo de que nos reconectemos con él. Si alguien le preguntara: "¿Por qué come?", probablemente respondería: "Porque tengo hambre", pero es asombrosa la cantidad de veces en que esto no es así. Muchas de nosotras nos llevamos por el reloj para comer, prácticamente casi a la misma hora, sin importar el hambre. Después están esos estímulos externos, como el cautivante aroma de los panecitos de canela en un kiosco del aeropuerto que casi no podemos negar. ¡Pero debemos negarlos! ¿Quién está al control, después de todo? ¿Su mente o los panecitos de canela? La Biblia nos recomienda en Romanos 13:14 que no proveamos para la carne y que dejemos de pensar en sus deseos.

Mi esposo creció en una familia donde apenas tenían para comer; nadie desperdiciaba comida. Como adulto se sentía obligado no sólo a limpiar su plato sino también los de todos nuestros hijos. Tiempo después, notó que estaba aumentando un poco de peso y se dio cuenta de que debía dejar de comer comida por el simple hecho de que estaba ahí. En lugar de comer demasiado para no desperdiciar, deberíamos esforzarnos por preparar exactamente lo que sabemos que vamos a comer.

Si comienza a estar realmente presente cuando come, y presta atención a cuántos ítems se siente tentada a llevarse a la boca sólo porque están al alcance, empezará a detectar todos los impulsos inconscientes que su cuerpo produce en reacción a la comida, y aprenderá a controlarlos. También aprenderá mucho mejor a saber exactamente lo que comió en cualquier momento determinado a lo largo de un día, y podrá planificar de antemano, lo cual puede mejorar drásticamente su capacidad de comer con sensatez.

Por ejemplo, estoy escribiendo esto y es mediodía y sé que hasta ahora he ingerido:

1 capuchino

1/3 de un bizcocho de limón

1 tazón pequeño de cereal integral con fruta y leche descremada

2 galletas de arroz

1 nectarina

Aproximadamente 20 onzas (1/2 litro) de agua

Más tarde planeo comer:

1/2 hamburguesa de carne picada con 1/2 de panecillo

vegetales

capuchino

Para un refrigerio vespertino probablemente coma una barra de caramelo de leche de Weight Watchers, que realmente disfruto. Sólo tiene ochenta calorías. Es probable que también coma un puñado de alguna clase de galletas saladas con esa barra, porque me gusta la combinación de lo salado y lo dulce. Sin embargo, si vamos al cine sé que voy a querer mi mitad de una caja de palomitas de maíz, por lo que salteo la barra de caramelo y las galletas saladas después de cenar.

Si llego a tener hambre en algún momento durante el día, como fruta.

Para mí, un desafío particular ha sido aprender a declinar cortésmente cuando me ofrecen comida. Cuando uno es predicador y pasa bastante tiempo visitando otras iglesias, después del servicio todo el mundo lo invita a su casa a comer. Para ellos es una ocasión especial para celebrar. Para mí, se convierte en un problema diario.

Años atrás, mi esposo Dave y yo decidimos que cuando fuéramos a algún lado a ministrar, no iríamos a comer con gente después del servicio. Si lo hacemos, acabamos comiendo comidas festivas demasiado ricas de varios platos. Todo sabe maravilloso, por supuesto, y apreciamos el sentimiento, pero ahora nos rehusamos cortésmente. Ésta es en sí una destreza que se debe aprender. Usted no está siendo descortés por rehusar algo que no necesita. No haga cosas por obligación —¡especialmente cuando se trata de comer!

No se desanime

Como todo lo demás, el comer conscientemente es una habilidad que requiere práctica para perfeccionarla. Cuanto más lo hace, mejor le saldrá, pero habrá algunos obstáculos en el camino. No importa cuán disciplinada sea, todas reincidimos de vez en cuando. Varios meses atrás comencé a comer manteca de maní natural, recién molido, que me encanta. Es un alimento sano con una excelente combinación de proteínas, grasas saludables, y buen sabor, pero es rica en calorías. Comencé a comer sólo dos galletas integrales naturales con *un poquito* de manteca de maní cada noche. Después las dos pasaron a ser tres, y finalmente acabé comiendo una docena de galletas con *mucha* manteca de maní, acompañándolas con leche. Alrededor de seis semanas después observé que la ropa me quedaba demasiado ajustada. Para mi desgracia, descubrí que había engordado seis libras (2.7 Kg), y enseguida me di cuenta de que la culpable era la manteca de maní. ¿Qué sucedió? Me había mecanizado. No estaba prestando atención a cuánto comía, seguí haciéndolo más y más, hasta que las circunstancias me hicieron reaccionar.

Sin embargo, no me desanimé. Suprimí la manteca de maní por completo, y las seis libras de más se fueron. Ahora sólo la como de vez en cuando, y cuando lo hago me limito a dos galletas.

Otra mujer que conozco bebió durante años un vaso de leche todas las noches antes de irse a dormir. No necesitaba esa leche; sólo se había acostumbrado a ella. Cuando por fin se obligó o quebrar ese hábito, adelgazó doce libras (aprox. 5.5 Kg).

Si se esfuerza por comer en forma cuidadosa, cada vez le saldrá mejor, y reincidirá menos. Pero recaerá de vez en cuando, así que no se castigue por eso.

Cinco maneras de comer conscientemente

1. Preste atención a cómo se siente después

Solía pensar que un gran plato de pasta era uno de mis almuerzos favoritos. Y por cierto, lo disfrutaba mientras lo comía. Pero unos veinte minutos después me sobrevenía una somnolencia aplastante. No tenía energía para el trabajo y me ponía de un insoportable mal humor. No me recuperaba hasta mucho más tarde. Me tomó *años* relacionar esto con la pasta. Ahora sé que comer ése u otros almidones con poca o ninguna proteína me tiraba abajo durante horas.

Lo mismo me sucedía con las palomitas de maíz. Cuando voy al cine, me encanta comer palomitas de maíz y chocolates. Mientras uno lo hace le produce una sensación maravillosa, pero finalmente me di cuenta de que después de una comilona de palomitas y chocolate, me sentía pésimo al día siguiente. Extremadamente cansada y deprimida. Así que aprendí a comer abundante proteína el día que planeo ir al cine, comer menos en general y guardar algo de lugar, y comer sólo la mitad de una caja pequeña de palomitas y quizás diez M&M. Entonces disfruto y me siento estupenda al día siguiente.

¿Cuantas de sus "sesiones de malestar" están relacionadas con mala comida que comió más temprano o la noche anterior? ¡Podrían ser unas cuantas! Nuestros días son demasiado preciosos como para desperdiciarlos sintiéndonos mal, de modo que si está atrapada en esta trampa, necesita hacer algo. La comida no sólo consiste en la gratificación inmediata cuando la patata frita golpea su lengua; se supone que es para darle combustible, energía, y un sentido de bienestar a lo largo de sus días y de su vida.

La comida chatarra existe solamente porque la gente no percibe la relación entre lo que come y la forma en que se siente. Una vez que aprenda a tomar conciencia, se asombrará al ver cómo eso cambia sus hábitos de comer. Se sentirá realmente atraída por las ensaladas y otras comidas saludables, porque llegará a asociarlas con la sensación de bienestar que le dan. Y las patatas fritas y las galletas dulces quizás empiecen a parecerle horribles porque al instante se dará cuenta de la reacción horrible que causan en su cuerpo.

A veces, mi carne ansía una gran hamburguesa grasienta con todas las guarniciones. Pero no tengo que ceder a esa carne. Un minuto de reflexión sobre la totalidad de la experiencia —la sensación inmediata de sabor, la grasa, y la sensación de malestar posterior— me ayuda a tomar conciencia de que hay mayor placer global en un sándwich de pavo con pan de trigo integral.

2. Dé gracias por la comida

Agradecer a Dios por la abundancia que hay sobre la mesa es la mejor manera que conozco de iniciar una relación más saludable con su comida. Si tiene tendencia a comer de más, pida que Dios la ayude en esta comida a mantenerse en su perfecta voluntad. Dios quiere que usted disfrute lo que come, y el verdadero placer no significa comer tanto que se pase las horas siguientes sintiéndose mal y culpable. Dése cuenta de que esta comida no es la última que va a comer. Habrá muchas otras en su vida, así que agradézcale a Dios, disfrute su comida, escoja bien, y deténgase tan pronto como se sienta satisfecha.

Otro excelente truco para recordarse que la comida es más que sabor es decirse a sí misma que está comiendo por dos. Muchas mujeres cambian por dietas más saludables cuando quedan embarazadas. Quizás hayan estado dispuestas a hacerle trampa a su cuerpo nutricionalmente hablando, ¡pero no a sus bebés! Bueno, usted también está comiendo por dos. Puesto que su cuerpo es el templo del Espíritu Santo, y usted se mantiene saludable para que Dios pueda actuar en el mundo a través de su persona, podrá ver lo importante que es mantener saludable la "vasija" de Dios. ¡No le haga trampa a Él!

(Y, a propósito, si está embarazada, coma por dos, ¡no por tres o cuatro! No use el embarazo como licencia para darse un atracón, suponiendo que el peso desaparecerá una vez que dé a luz. No sucederá. Muchas mujeres aumentan demasiado de peso cuando están embarazadas, les cuesta mucho perderlo, y literalmente luchan con el peso por el resto de sus vidas. Las embarazadas deberían engordar unas treinta libras (13.6 Kg) hasta que dan a luz. Trate de mantenerse en estrecho contacto con su hambre. A veces tendrá un hambre canina, y cuando esto suceda, coma y disfrútelo. Pero no piense que puede comer, comer y comer todo el tiempo.)

3. No haga multitareas con la comida

Cuando come ... coma. Cuando trabaja ... trabaje. Cuando mira TV, no saque las golosinas. Disfrutará la vida mucho más si hace una sola cosa a la vez y le dedica toda su atención. Y cuando se distrae por algo como la TV o el trabajo, queda incomunicada de sus sensaciones naturales y es más probable que siga llenándose de comida sin siquiera darse cuenta. Mucha gente está tan acostumbrada a tener comida a su alrededor que llega a creer que es algo así como el ruido de fondo. Si están trabajando en sus escritorios y no están picando de una bolsa de confites, algo anda mal.

Es fundamental romper con ese hábito. Pueden ingresar cientos e incluso miles de calorías por día, y no le reportarán mucho placer. Cuando coma, asegúrese de que realmente lo disfruta, y deténgase si no es así. Por ejemplo, cuando compro palomitas de maíz en un cine, admito que estoy realizando multitareas —¡eh! ¡nadie es perfecto!— pero sólo como poquito, y realmente lo disfruto. Soy *muy consciente* de que estoy comiendo palomitas (y guardé lugar durante el día para una cantidad específica). No como palomitas porque "es lo que la gente hace en el cine" y lo lanzo sin pensar a la boca mientras miro. Asimismo voy al cine tan pocas veces que la relación película/palomitas es realmente un lujo para mí.

4. Baje la velocidad

Como expliqué en la Clave 5: Aliméntese equilibradamente, la comida que usted come tarda alrededor de veinte minutos para pasar por el estómago y llegar al intestino delgado, el cual detecta la comida y envía al cerebro mensajes de "todo lleno". Pero si usted no deja de comer, para cuando el intestino envíe esos mensajes, será demasiado tarde; habrá mucha más comida en el conducto, y estará tan llena que se sentirá molesta. Baje la velocidad y le dará a su cuerpo más tiempo para que envíe la señal. Algunos consejos prácticos:

- Mastique bien la comida.

- Trague un bocado antes de tomar otro con el tenedor.

- Coma varios platos chicos en lugar de un plato enorme.

- Converse relajadamente con su familia o amigos mientras come, pero nunca discutan nada grave o turbador.

- Coma la ensalada primero. Cuando llegue al plato principal más denso en calorías, no tendrá un hambre voraz.

- No espere a estar demasiado hambrienta. Cuando estamos muertas de hambre, es difícil no tragar nuestra comida.

5. Apague el detector de "ofertas"

Los estadounidenses nos hemos vuelto increíblemente desenvueltos en conseguir gangas. Una tarrina de nueces gigante por $2 en Costco. El fin de semana en Cancún por $199. Pero cuando empezamos a pensar como compradores de ofertas respecto de nuestra comida, nos metemos en problemas. Óigame claramente: ¡los restaurantes tipo bufé libre y las mesas de ensaladas libres no le hacen ningún favor! Le meten en la cabeza la idea de que cuanto más come por el mismo precio, mejor es la oferta. Pero una vez que usted come más de lo que necesita, la única ganga que recibe es un precio rebajado para diabetes y enfermedad cardiovascular. Por lo general, las porciones de los restaurantes ya son más grandes de lo que usted necesita, así que "comer todo lo que pueda comer" es realmente obsceno. Lo mismo sucede con el tamaño extra grande de las comidas rápidas. No creo que nadie sienta la necesidad imperiosa de comer más después de consumir una hamburguesa regular con patatas fritas, entonces ¿por qué pedirlo, aunque sólo cuesta treinta y nueve centavos más?

Dave y yo a menudo compartimos la comida en los restaurantes. Con la sopa o la ensalada, una entrada es usualmente abundante para los dos, ¡y nos deja suficiente lugar como para, de vez en cuando, también dividir un postre!

Comprar el "paquete familiar" grande también puede meterla en problemas. Si come una porción normal y pone el resto del paquete en el freezer (o tiene una familia grande que alimentar), grandioso. Pero si acaba comiendo más de lo normal, o ataca el refrigerador para comerse lo que sobró "antes de que se ponga feo", entonces la ganga no vale la pena. Usted es lo que come, y si "cuanto más grande mejor" no se aplica a usted, tampoco se aplica a su comida.

Y no caiga en el típico error de comprar gaseosas o jugos en lugar de agua embotellada en los minimercados porque "en casa tengo agua gratis". Su elección es entre pagar un dólar de salud y pérdida de peso o un dólar de diabetes. Quizás la frustre tener que pagar un dólar por agua en una estación de servicio cuando en su casa la consigue gratis, pero usted *no* está en su casa. Y si el agua embotellada evita que consuma gaseosa, jugo, té dulce, u otras bebidas, entonces ése será uno de los dólares que más inteligentemente haya gastado.

➤➤➤ HÁGALO ◄◄◄

"Pero sed hacedores de la palabra, y no tan solamente oidores."
(Santiago 1:22)

Elija al menos una acción que pueda poner en práctica para comer más conscientemente. Escríbala abajo, *comprométase a hacerla* y comience hoy mismo.

Acción: _____

> CLAVE 8 <

Controle su hambre espiritual

En la vida existen cosas que no podemos controlar, y algunas de ellas nos causan dolor. La enfermedad o las heridas ocasionan dolor físico. Otras personas pueden decir o hacer cosas crueles que nos provocan dolor emocional. Y a veces no es necesario que haya personas; las circunstancias nos tratan de mala manera y causan mucho dolor y sufrimiento. No todos estos acontecimientos son necesariamente traumáticos. Muchas de las pequeñas heridas de nuestra vida pueden sumarse a un estado general de tristeza o cierto grado de desesperanza. En ocasiones, la simple falta de estímulo de parte de nuestros seres queridos puede contribuir al aburrimiento y a la soledad, la cual puede ser uno de los sufrimientos emocionales más difíciles de sobrellevar.

¿No sería lindo si pudiéramos controlar la gente y las circunstancias de nuestras vidas y evitar completamente el dolor? Es un deseo natural; a nadie le agrada el dolor. Lamentablemente, ninguno de nosotros posee ese control. Todos debemos vivir la vida que tenemos, y por medio de una relación personal con Jesucristo podemos disfrutar nuestras vidas, nos convengan o no las circunstancias.

Aunque no podamos controlar todas nuestras circunstancias, una de las cosas sobre las que sí tenemos control es lo que ponemos en nuestros cuerpos. Y no hay duda de que muchas de estas cosas nos dan placer. Cada vez que meto una frutilla en mi boca, ese es un pequeño golpe de placer. Una bebida fría en un día caluroso puede ser puro gozo.

Estoy segura de que no necesita que la convenza acerca de los riesgos del fumar, o del costo terrible de la adicción a las drogas y el alcohol. Todos somos conscientes de que tales sustancias son atajos para el placer. Cuando usted no tiene contentamiento interior, se vuelve demasiado fácil ir por la rápida ráfaga de placer que estos vicios proporcionan —aunque tal placer sea efímero y lo acompañen el dolor crónico, el sufrimiento y la enfermedad de la adicción.

Pero las personas están menos conscientes de que la comida puede cumplir el mismo rol. Si estoy deprimida y como frutillas, me siento mejor por un momento. No mucho tiempo —la buena sensación dura solamente un instante fugaz después de que trago la frutilla— pero, afortunadamente, hay otra frutilla después de ésa. Y otra después de ésa. Y aunque se agotaran las frutillas y la depresión regresara, hay un poco de helado en la heladera para tales emergencias. Cuando se acaba el helado, está la torta de chocolate o el pastel. Cuando buscamos consuelo en la comida, establecemos un patrón que es nocivo y hasta peligroso —y termina dejándonos sin el consuelo que buscamos.

La adicción a la comida es fácil, porque ésta no viene con los mismos estigmas que los cigarrillos o las drogas. A diferencia de estos vicios, la comida tiene un papel legítimo —hasta esencial— en la salud. Solamente cuando se cae en un abuso se convierte en un problema. Pero ¡es tan fácil llegar hasta ese extremo! La comida no falla. Cada vez que nos sentimos espiritualmente vacíos, sea por la tristeza, la depresión, o el aburrimiento, es fácil tomar la comida para llenar ese hueco. Pronto confundimos hambre espiritual con hambre físico, y la comida se convierte en la respuesta inmediata ante cualquier caída del bienestar.

Usted sabe adónde lleva esto. Mientras más intente tratar su deseo espiritual con comida u otros estímulos para sentirse bien, mayor será el reclamo de su alma por el alimento espiritual. Su *incomodidad* se acrecentará.

Afortunadamente, hay otra fuente de consuelo que siempre está cuando usted la necesita. A diferencia de la mala alimentación o las drogas, no lo deja a usted con sobrepeso, enfermo, o aletargado. Hasta es gratis. Se trata de Dios. Se lo llama "Padre de misericordias y Dios de toda consolación, el cual nos consuela en todas nuestras tribulaciones" (2 Corintios 1:3-4).

Cuando me lastimo, he aprendido a correr hacia Dios primero, en vez de a otra persona o sustancia. No estoy diciendo que esto sea automático. Me llevó años comprender esto, y a veces todavía tengo que recordarme que lo que verdaderamente necesito es alimento *espiritual.* Pero

> *Cuando me lastimo, he aprendido a correr hacia Dios primero, en vez de a otra persona o sustancia.*

aprender este hábito le ayudará más que ninguna otra cosa a mantener sanos su mente y su cuerpo, y a mantener la estabilidad de su vida. Su espíritu necesita nutrientes tanto como su cuerpo físico. No espere a tener una crisis en su vida para comenzar a alimentarlo.

La hambruna espiritual de hoy

Hoy hay más gente espiritualmente desnutrida que nunca antes. Demasiados factores de la sociedad distraen a la gente de sus almas eternas y la animan en cambio a concentrarse en la vida material. La gente marcha al ritmo de la época en hacer dinero para comprar casas más grandes y autos más fantásticos, o seguir las últimas tendencias. Cada vez es menos probable que las familias vivan unidas, lo cual quita otro apoyo espiritual. El tiempo para la iglesia y los asuntos religiosos, o hasta para pasar un lapso de descanso en contacto con la naturaleza, se deja de lado por las agendas sobrecargadas y los entretenimientos. La voz apacible de Dios es ahogada por el ruido constante del aparato de TV.

Atrapadas por este estilo de vida, muchas personas confunden el vacío que sienten dentro con el hambre físico. Nunca se les enseñó a reconocer el hambre espiritual, o lo que debían hacer al respecto en caso de reconocerlo. Ya que no saben qué hacer con el dolor o la soledad, agarran la salida que conocen: alimentos, drogas, alcohol, u otros placeres materiales.

Hasta quienes conocen más y hacen esfuerzos por ser buenos cristianos pueden ser arrastrados en esta hambruna espiritual, ya que muchos lugares de entretenimientos se hallan cerrados para nosotros. No hay muchas fiestas a las que podamos asistir, ni muchas películas que podamos ver sin sentirnos degradados. Incluso tuve que salir de una ópera en una ocasión debido al lenguaje vulgar que se estaba utilizando en el escenario. ¡Eso me parece tan frustrante! Parece que Satanás está afuera para arruinar todas las cosas de este mundo que el pueblo de Dios puede disfrutar. Su meta es que nos aburramos tanto que comamos hasta morirnos o que hagamos otras cosas igualmente destructivas. Suponemos que la comida es una de las pocas atracciones abiertas para nosotros que está libre del pecado, sólo para caer en la trampa de la gula, que la palabra de Dios definitivamente condena. Dios desea que disfrutemos lo que comemos, pero no quiere que comamos hasta caer en la enfermedad o en una muerte temprana.

Ciertamente no soy inmune a estas tentaciones. Vivo la vida cotidiana en el reino espiritual, pero eso puede dejarme exhausta como si estuviera cavando pozos todo el día. Quienes estamos en el ministerio nos hemos comprometido a poner nuestras vidas para servir a los demás, y nos alegra hacerlo, ¡pero eso no significa que automáticamente nos llene de entusiasmo todos los días! Tengo que permanecer realmente cerca de Dios para mantener nutrido mi espíritu y tomar de Él mi entusiasmo.

Esto puede sonar como un cuadro bastante desalentador. "Si vivir una vida satisfactoria en el Espíritu es algo con lo que luchan hasta Joyce u otros que están en el ministerio a tiempo completo, ¿cómo puede el resto de nosotros combatir tal estado de cosas?" Pero no desespere. Cuando usted se enfoca en la única persona que puede controlar —¡usted!— es posible. Eche un buen y profundo vistazo a su interior, y decida si el comer, u otras adicciones, procede del hambre espiritual. Algunos de los signos clásicos son:

- Usted se da atracones. O se atiborra y vomita. Este es un signo seguro de que no está comiendo por hambre físico.

- Hace tratos con Dios respecto a su adicción ("Sólo déjame disfrutar este cigarrillo, y no fumaré ninguno mañana", o "Voy a comer esta caja de galletitas ahora, pero prometo correr tres millas esta noche"), pero no hace ningún intento por escuchar su respuesta, o por comprometerse en un verdadero diálogo espiritual.

- Se miente a sí misma o a otros acerca de cuánto ha comido ese día, o mantiene comida escondida y, para comerla, espera hasta que no haya nadie alrededor.

- Su reacción inmediata al estrés es pensar en la comida o empezar a comer lo que encuentre cerca.

- Su aumento de peso o el abuso de sustancias comenzó después de la pérdida de un ser querido, algo que usted percibió como un fracaso personal, el fin de una relación, o la pérdida de un empleo.

- Con frecuencia se encuentra sin saber qué hacer en las noches, y acaba comiendo sin otra alternativa.

- Siente que ninguna actividad es bastante completa a menos que se la acompañe con comida.

- Acaba sintiéndose más triste después de comer que cuando comenzó.

¿Por qué preocuparse?

Así que ha identificado una carencia de alimento espiritual en su vida. ¿Por qué arreglarla? ¿Qué le va a dar, y cómo podría ayudarle a deshacerse de su adicción a la comida o a otras sustancias?

Si usted tiene una rica vida espiritual, siempre estará satisfecha con el momento, el día, el año, y no sentirá la necesidad de "complementarlo" con comida. Todos tenemos estos momentos a veces. Usted pasea por un campo veraniego de luciérnagas y, de pronto, se siente asombrada y sobrecogida por la belleza que la rodea. Levanta en su regazo a su nuevo hijo o nieto y siente un gran lazo espiritual de amor a su alrededor. Está sentada en un banco el domingo por la mañana y la luz entra por el vidrio de colores y llena su corazón de gozo. El momento está completo en sí mismo. Usted no piensa: "Mi corazón está lleno de gozo y ¡vaya, desearía tener una porción de torta de chocolate en mi mano!" Usted puede conocer la completa llenura del alimento espiritual, y saber que si lo experimenta regularmente, no tendrá problemas en comer y beber lo que necesita.

De hecho, todos deberíamos sentir esos momentos trascendentes con mayor frecuencia. Creo que son esenciales para la salud física, emocional y espiritual. Y pienso que pasamos muy poco tiempo tratando de alcanzarlos y demasiado tiempo meditando en nuestros problemas. Ya sea en terapia, en el hogar, o con amigos en un café, si nos sumimos en nuestros problemas todo el tiempo, éstos van a permanecer mucho más con nosotros. Quite los problemas de su mente, y pase más tiempo meditando en la única verdadera solución: el amor de Dios.

Los problemas en nuestra vida —y habrá problemas— deberían conducirnos a Dios, no alejarnos de él. Jonás trató de escaparse de su deber con el Señor navegando hacia un destino remoto, ¡y mire lo que le pasó! No siga las sendas de Jonás. ¡Corra hacia Dios! No sólo le ayudará a encontrar las soluciones para su hambre espiritual, ¡Él es la solución!

Cinco maneras de alimentar su espíritu

1. Deje de mentir

El primer paso para recibir el amor de Dios y la verdadera llenura es dejar de de negarse a sí misma (o a otros) que su problema es espiritual. De todos modos no puede mentirle a Dios, así que ¿por qué molestarse en engañarse a sí misma? Por años, fui adicta al cigarrillo, pero me decía a mí misma que seguía fumando para mantenerme delgada; no admitía que tenía una debilidad espiritual en esa área. La verdad es el camino hacia la plenitud espiritual, y ahora es tiempo de comenzar. Si es necesario, admita que su espíritu no está recibiendo lo que necesita de la vida. Una vez que lo haga, Dios le mostrará cómo cambiar eso.

¿Quién es usted? ¿Cuáles son sus valores básicos? ¿Las cosas de su vida —las personas, el empleo, etc.— sustentan esos valores, o la mantienen separada de su verdadero yo? Trate de identificar las fuentes de vacuidad que la conducen a comer (o a fumar, beber, o trabajar en exceso), ¿qué desequilibrios están creando ellas en su vida? ¿Qué puede hacer para comenzar a llenar esas áreas vacías con actividades o personas que le ayuden a alimentar su espíritu y a comunicarse con Dios?

Cuando sea sincera con usted misma, comience a ser veraz también en todas las otras áreas de su vida. Las pequeñas falsedades tienen una manera de multiplicarse, y pronto estamos comprometidos en muchas áreas. Esto a la larga no sólo hace la vida más difícil, sino que también dificulta mucho el tener una genuina relación con Dios. Pecar contra su propia conciencia (haciendo cosas que sabe que son malas) es una de las más grandes fuentes de depresión y descontento.

2. Pida

Dios la ama mucho y desea ayudarle, pero es necesario que usted se lo pida. Un hombre me contó recientemente que cuando se siente abrumado, levanta una mano hacia el cielo y dice: "Ven a ayudarme, Jesús". Dios escucha el más débil clamor de su corazón, así que deje de tratar de hacer todo por su propia cuenta y pídale ayuda.

La próxima vez que sea tentada a comer porque está frustrada o triste, diga "no" en voz alta. Luego vaya a sentarse tranquilamente por un momento y pídale a Dios que le ayude en su situación. Se sorprenderá de la gran diferencia que hará el pedir. La mayoría de las veces, encontrará que de pronto usted tiene la fuerza para resistir la tentación.

Pero tiene que pedir *realmente*; no puede decirse simplemente que está abierta a la ayuda de Dios.

Quizás no crea que Dios se preocupe por algo tan sencillo como su salud, pero Él lo hace. Él se preocupa por todo cuanto concierne a usted: lo grande tanto como lo pequeño. La quiere sana, y está dispuesto a ayudar, sólo si usted se lo permite. No ore a él simplemente para que quiebre su adicción; ore para que la ayude a encontrar la fortaleza espiritual para hacer en su estilo de vida los cambios que harán desaparecer los malos síntomas. La gracia de Dios está disponible para acompañar nuestra elección. Cuando elegimos hacer lo que es correcto y nos apoyamos en Él para que nos dé fuerza, su poder nos capacita para seguir adelante y experimentar la victoria.

La oración y la meditación en la Palabra de Dios constituyen una práctica excelente para nutrir su espíritu. Es comida espiritual; alimente regularmente su espíritu y será saludable y fuerte, por dentro y por fuera.

El estudiar la Palabra de Dios, la oración silenciosa o verbal son métodos tradicionales para comunicarse con Dios, pero otras actividades también pueden hacerla receptiva a su nutritivo amor. Lea algo que la anime y le dé esperanza. Mantenga un diario de gratitud donde haga una lista de las cosas buenas que le sucedieron ese día (y hay buenas cosas en *todos* los días).

3. *Aleje los malos hábitos*

Los malos hábitos necesitan espacio para operar. No mucho —son bastante listos— pero hay situaciones donde no pueden afianzarse. Si usted tiene un empleo como acróbata, le será difícil comer mecánicamente mientras trabaja. Si pasa las noches en un gimnasio, tendrá suerte si ingresa un cigarrillo a escondidas. Una buena estrategia para mantener a raya los malos hábitos es reconocer cuáles son sus tentaciones, y después planificar su vida de tal modo que ya no tengan lugar para operar. Llene su vida con tantas cosas positivas que la consoliden espiritualmente, que no le quede lugar para ninguna otra. Si se siente tentada a comer de noche, no guarde en la casa comidas insalubres. Si tiende a comer en exceso cuando está aburrida, asegúrese de tener algo fructífero en qué invertir su tiempo.

Elija actividades que le ayudan a llenar ese espacio interior, su espacio "divino", con los sentimientos de amor y llenura que usted busca. En vez de pasar el fin de semana mirando TV, visite a una amiga o pariente que no ha visto por mucho tiempo o vaya a una conferencia cristiana. Como dice Dios: "No se junten con quienes los contaminarán. Yo los quiero a ustedes completamente para mí" (2 Corintios 6:17, The Message, traducción directa del inglés). Otra buena manera de invertir el tiempo es ayudar a alguien necesitado.

El ejercicio es una manera fabulosa de llenar el tiempo con actividades saludables que elevan su espíritu y recargan su cuerpo. Lea mi capítulo sobre el ejercicio para aprender todos los beneficios que le dará.

¿Qué otras actividades pueden reemplazar algunos de sus insatisfactorios pasatiempos actuales? ¿Qué amigos tiene usted que sabe que son buenos para alentarla en su nuevo compromiso de salud? Llámelos y planifique algunas citas. Por ejemplo, mi hija menor está muy interesada en mantenerse saludable. Lee todo el tiempo acerca de nutrición, ejercicio, y buenos principios para la salud. Cada vez que necesito un poco de aliento extra para permanecer en el camino correcto, sólo le pregunto que ha aprendido últimamente. Siempre tiene muchas cosas para compartir que me desafían ¡a seguir perseverando!

4. Programas de ayuda

Romper el hábito de anestesiar su hambre espiritual con comida u otras sustancias es un acto difícil, incuestionablemente. Muchas personas encuentran que la ruta es más fácil si tienen el apoyo de un grupo de gente que han pasado por eso, pueden identificarse con lo difícil que es, y están tratando de seguir el mismo camino. Existen diversos programas, buenos y asequibles en todo el país para ayudar a las personas a quebrar sus adicciones. Enseñan a la gente a admitir que es impotente ante la adicción, a creer que solamente Dios puede restaurarla a la sanidad, y a tomar una decisión para poner la voluntad y la vida al cuidado de Él. No a todos les resulta cómodo encontrar su alimentación espiritual por medio de grupos, pero muchos que eran escépticos al principio han logrado el éxito de esta manera.

5. Dése algún tiempo

No se comprometa y tome la decisión de alimentar su espíritu, luche durante dos días sin picotear entre comidas y tratando de acordarse de celebrar el momento, para luego llamarme diciendo: "¡Joyce! ¡Esto no funciona! ¡Es demasiado difícil!". Estas cosas llevan tiempo. No piense en un éxito instantáneo.

Cuando se separe por primera vez de una conducta destructiva, realmente sentirá como que hay un vacío en su vida. Se ha acostumbrado tanto a que su conducta errónea sea parte de su existencia diaria que, como si tuviera un esposo abusivo, no se siente completamente usted misma una vez que se fue, aunque sepa que está mejor así.

No se preocupe. El cambio siempre es duro al principio. Como probablemente habrá escuchado, lleva unos treinta días romper un hábito. Mucho de lo que usted hace no es consciente pero los patrones se graban en sus nervios, músculos y neuronas (como atrapar una pelota o firmar su nombre), y lleva unas semanas deshacer esos patrones en su cuerpo.

Por más que tarde, el truco está en no poner presión sobre usted misma durante esas primeras semanas. Comprométase implacablemente a triunfar, pero ámese suceda lo que suceda. Si mantiene su confianza en sí misma y en la guía de Dios, de pronto vendrá un día, muchas semanas después, cuando se dará cuenta de que las cosas se vuelven más fáciles para usted. Ya no tiene que tratar tanto conscientemente. Al fin ha controlado su hambre espiritual y quebrado el ciclo adictivo en su vida.

➤➤➤ HÁGALO ◄◄◄

"Pero sed hacedores de la palabra, y no tan solamente oidores."

(Santiago 1:22)

Elija al menos una acción que pueda poner en práctica para alimentar su espíritu. Escríbala abajo, *comprométase a hacerla* y comience hoy mismo.

Acción: _____

➤ CLAVE 9 ◄

Libérese del estrés

Existe una droga peligrosa allí fuera. Aquí tiene lo que sólo un poquito de ella le puede ocasionar:

Hará que su corazón trabaje a toda marcha, latiendo con fuerza a cuatro veces su ritmo natural. Lo mismo ocurrirá con sus pulmones. Contrae los vasos sanguíneos y eleva la presión arterial a niveles peligrosos. Seca la boca y cierra el estómago y los intestinos. Empalidece el rostro y la piel. Altera el sistema inmunológico. Arruina el sueño, quita el deseo sexual y la capacidad reproductiva, disminuye la salud, e incrementa el riesgo de enfermedades periodontales, enfermedades de la piel, y enfermedades autoinmunes. Anula la memoria a corto plazo y el pensamiento racional. Realmente contrae partes de su cerebro. Y hasta hace que usted coma en exceso.

Suena a malas noticias, ¿no? Apuesto que haría lo imposible para evitar esta droga. Sin embargo, se autoadministra dosis de ella cada día. Yo fui adicta por años. La droga es cortisol, el más famoso de los *glucocorticoides*. Los glucocorticoides son drogas del estrés. Y su cuerpo las fabrica diariamente.

Cuando decimos "He tenido un día estresante" o "Estoy estresado", queremos decir que no podemos relajarnos. Las cosas surgen durante el día, o persisten de días anteriores, y debemos lidiar con ellas. Si hay suficientes cosas, o si siguen sin resolver, entonces no hay escape, ni lugar para la distensión, y estamos "estresados".

El estrés es lo opuesto de relajación. Físicamente, es su cuerpo que se prepara para enfrentar cualquier situación que haya surgido. Y lo hace enviando hormonas de estrés en todas direcciones. Del cerebro surge la adrenalina (llamada *epinefrina* por los científicos) y hormonas relacionadas, y de las glándulas suprarrenales provienen el cortisol y los otros glucocorticoides. Las hormonas son mensajeros que corren a través del cuerpo, diciéndole a cada sistema —su corazón, músculos, piel, etc.— lo que tiene que hacer. En este caso, el mensaje es *prepárate para la acción*. Estamos familiarizados con esto como la respuesta de "ataque o fuga".

Esto no es malo en sí mismo. Surge algo urgente, y su cuerpo instantáneamente eleva el nivel de alerta de sus sistemas para enfrentar la situación. Luego, cuando las cosas se calman, usted vuelve a cambiar al modo relax. Éste es un estupendo sistema si usted tiene que salvar un niño de un edificio en llamas, o huir de un oso hambriento. Se vuelve hiperalerta, superrápido, y rescata al niño, o deja atrás al oso en el camping de Yellowstone. Después de algunos minutos, sus latidos decrecen y la vida continúa. Le da hambre y come algo para reponer la energía usada en la carrera a través de las llamas.

Estará contenta de tener este sistema la próxima vez que se enfrente a una emergencia. El problema no es el cuerpo. El problema es nuestra vida. Nuestros cuerpos no fueron diseñados para la vida del siglo veintiuno, en que los momentos mentalmente estresantes son la norma, no la excepción. Todos los cambios que el cortisol y las otras hormonas del estrés causan en nuestro cuerpo son muy útiles a corto plazo, pero pueden enfermarnos mucho, realmente mucho —hasta matarnos— si ocurren todos los días. Y si usted lleva una típica vida moderna, eso no sólo le sucede todos los días sino a toda hora. Pregúntese si usted tiene un alto nivel de estrés o no. Si la respuesta es sí, le insto a que siga leyendo—su vida puede depender de eso.

¿Qué nos sucede bajo presión?

Para comprender por qué hacemos la reacción física al estrés que hacemos —y por qué nuestro cuerpo está tan interesado en que así sea—

debemos tener en cuenta cuánto ha cambiado nuestra vida de la de nuestros ancestros. Muchas sociedades giraban en torno a las comunidades agrícolas. La principal preocupación de la gente era el crecimiento de la cosecha, la cría de ganado, o la pesca, y proteger sus comunidades. Los días se regían por el lento ritmo de las estaciones del año. La vida era poco estresante —excepto, cuando no lo era. De vez en cuando ocurría una guerra, una inundación u otro desastre natural, o algún suceso amenazante para la vida, y se requería que las personas actuaran con rapidez. Pero eso no era la norma.

Hasta hace poco, los sucesos estresantes casi siempre demandaban una respuesta física. Combatir un invasor, nadar para salvar su vida de una inundación, o escapar corriendo de un oso. Y todos los cambios que ese estrés ocasiona en nuestro cuerpo tienen sentido si el objetivo es sobrevivir los próximos minutos.

Digamos que el acontecimiento es una inundación de cuarenta días. De pronto usted se encuentra arrastrado, tratando de permanecer a flote. Ante una señal de su cerebro, la adrenalina y el cortisol inundan su cuerpo, y todo empieza a cambiar. Su respiración se cuadruplica, enviando oxígeno adicional a la sangre, y su corazón corre, enviando la sangre rica en oxígeno a los músculos para darles energía. Ésa es la razón por la cual, ante un intenso estrés, nos volvemos más rápidos y más fuertes. Todos hemos oído las historias de madres que fueron capaces de levantar un auto para sacar a sus hijos atrapados, y hay algo de verdad en ello.

Eso no es todo. El estrés también agudiza nuestros sentidos. Los ojos se dilatan y el oído se agudiza. Muy útil si usted está luchando por mantener la cabeza sobre el agua en una inundación y busca desesperadamente un tronco del cual asirse.

Su sistema inmunológico cambia, también. Sus glóbulos blancos dejan de trabajar en proyectos a largo plazo como patrullar lentamente su cuerpo buscando células cancerígenas, y en cambio se apresuran a ir hacia la piel y los ganglios linfáticos, listos para destruir cualquier germen que ingrese al cuerpo —lo cual tiene sentido ya que los acontecimientos estresantes son aquellos en lo que usted puede cortarse o ser apuñalado, o mordido.

Su capacidad para sentir dolor disminuye. Todos hemos experimentado las heridas sufridas en deportes o cuando corremos de algo, que realmente no notamos sino hasta después, cuando estamos de regreso en casa descansando, y entonces *realmente* duele. Nuevamente, este es un gran sistema, ya que yendo a la deriva en una inundación, buscando escapar, no es momento de pensar cuánto duele la espinilla golpeada contra la roca sumergida.

Usted también pierde la capacidad de aprender y pensar racionalmente. Esto puede parecer extraño, pero esas cualidades pueden en verdad estorbar. En vez de perder tiempo tratando de imaginar cuántas pulgadas de lluvia han caído en esos cuarenta días, usted necesita concentrarse en el pensamiento instintivo: dar brazadas, respirar, asirse de esa rama que cuelga.

Considerados en conjunto, estos cambios fisiológicos sacaron a nuestros ancestros de más de un lío. Cuando aparece una lucha de vida o muerte, usted no puede pedir un mejor mecanismo de defensa. Casi parece mágica esta habilidad de incrementar instantáneamente nuestras capacidades físicas. Es como si en su Honda Civic usted tuviera un botón que instantáneamente lo transforma en un Ferrari cuando usted lo necesita. La cuestión es, si usted tiene ese botón, ¿por qué no ser un Ferrari todo el tiempo?

La respuesta es que todos esos incrementos en nuestras habilidades de supervivencia a corto plazo tienen un costo. Como he presentado en capítulos anteriores, su cuerpo tiene un monto de energía establecido, el cual proviene de la comida que ha ingerido y almacenado en sus músculos y células adiposas. Cuando usted funciona como un Ferrari, quema esa energía increíblemente rápido. Y para canalizar tanto de su energía hacia los músculos y otros instrumentos de supervivencia, tiene que paralizar el suministro a todos los sistemas no esenciales.

Cuando el tema en cuestión es no ahogarse, o escapar de un animal salvaje, o rechazar a un atacante, "no esencial" es todo lo que no le ayude a hacer eso, porque si usted no sobrevive a la amenaza, ninguna otra cosa importará. La reproducción se aleja enseguida: es un proyecto de *muy* largo plazo. La digestión también se paraliza. La comida de su estómago podría proporcionar energía útil en unas pocas horas, pero usted no tiene tanto tiempo, y además la sangre utilizada para la digestión en el estómago y los intestinos se necesita ahora mismo en los músculos. También pierde el apetito, por supuesto. Mientras está nadando a lo perro en ese río crecido, es inútil pensar: "Dios, un brownie me caería realmente bien ahora".

Su sistema inmunológico no se paraliza, pero cambia de objetivos. Una gran parte de lo que hace es trabajar a través del sistema linfático, filtrando bacterias y células dañadas. Siempre hay células que funcionan mal, y su sistema inmunológico se encarga de atraparlas antes de que se transformen en cáncer. Pero cuando el cortisol llega gritando a través del cuerpo, haciendo sonar la alarma, el sistema inmunológico deja dichas tareas rutinarias y corre hacia las líneas del frente para protegerlo de gérmenes invasores.

En su cerebro, el pensamiento superior se desconecta, de modo que usted pueda concentrarse en las decisiones de supervivencia.

Una buena manera de considerarlo es imaginar que usted es un país. Es atacado por los terroristas y al instante entra en un modo de alto estrés. Convoca a los militares para que estén listos ante cualquier atacante, esparce los agentes de inteligencia y los satélites de espionaje para informar exactamente lo que está sucediendo afuera. Envía nuevos oficiales de inmigración para asegurarse de que ningún terrorista se deslice dentro del país. Para costear todo esto, temporalmente corta los fondos para la educación, estudios superiores, asistencia sanitaria, y mantenimiento de carreteras.

Esto tiene mucho sentido a corto plazo. Si resulta destruido, no van a importar la construcción de carreteras y la educación. Una vez que ha determinado que está seguro, puede reducir el ejército y la CIA y hacer volver los programas internos a su nivel anterior.

Pero si se encuentra atrapado en una situación donde está constantemente bajo ataque de los terroristas o de fuerzas externas —o si se preocupa por eso continuamente— entonces está en problemas. Usted sigue vertiendo dinero en el presupuesto de defensa, a expensas de todos los demás programas, y pronto sus carreteras son un caos, sus niños no aprenden, y su pueblo está enfermo. En vez de sucumbir ante una amenaza externa, se derrumba internamente.

Eso es lo que sucede cuando usted vive en un constante estado de estrés. El cortisol, la adrenalina, y las otras hormonas del estrés hacen un trabajo fantástico al mejorar su juego y pasar unos minutos de tensión. Luego usted vuelve a relajarse por unos meses hasta que viene el próximo oso hambriento. Durante la mayor parte de la historia humana ha sido así.

Pero ya no es más de esa manera. Hoy en día, experimentamos el estrés diariamente, y a menos que usted sea un guarda forestal, no es la clase de estrés del oso enojado. Hoy, el estrés estándar incluye la presión laboral, preocupación financiera, conflictos familiares, compromisos sociales, y hasta el yugo diario de los embotellamientos de tránsito y los eventos deportivos. ¡Ver cómo pierden los Cardinals de St. Louis en la Serie Mundial es muy estresante para algunos! Cualquier cosa que causa que se incremente su ritmo cardíaco y respiratorio, es estrés. Lamentablemente, nuestro cuerpo no está diseñado para una actividad incesante, embotellamientos de tránsito, y el continuo estrés financiero. El cuerpo responde a estos acontecimientos, y a toda clase de tensión no física, exactamente con las mismas hormonas del estrés.

Cuando esto sucede muchos días, como nos ocurre a muchos de nosotros, comenzamos a estropearnos internamente, así como el país que debió permanecer en Código Naranja durante muchos años. El estrés ocasional es saludable, hasta estimulante. Pero el estrés crónico no permite que el cuerpo se recupere, y lo mata lentamente. Demos una mirada a las diferentes enfermedades causadas o empeoradas por el estrés.

Guía de enfermedades relacionadas con el estrés

Enfermedad cardiovascular

Quizás el cambio más importante que produce el estrés es el aumento del ritmo al cual la sangre es bombeada a través del cuerpo. Ésa es la única manera de conseguir combustible —glucosa y oxígeno— para los músculos donde se necesite (o donde su cuerpo suponga que se necesita, aunque no sea de mucha ayuda en un embotellamiento de tránsito). Para lograr eso, el corazón late más rápido, y los vasos sanguíneos se contraen para forzar a la sangre a pasar a través de ellos con mayor rapidez. Esto significa que la presión sanguínea se va por las nubes cuando hay estrés. Está bien si ocurre sólo ocasionalmente, como cuando realiza ejercicios. Pero si usted está estresado todo el tiempo, entonces ese elevado número es su presión arterial. No es bueno.

La presión arterial elevada incrementa el golpe en las paredes de los vasos sanguíneos (especialmente las zonas donde el vaso sanguíneo se divide en dos). Como expliqué con anterioridad, tan pronto como las células que conforman esas paredes se aflojan, materiales que están en la sangre pueden incorporarse debajo de ellas y adherirse a la pared, formando una obstrucción. Tales obstrucciones son la causa de los infartos o derrames cerebrales. No sorprende, entonces, que las personas con enfermedades cardíacas sean *cuatro veces* más propensas a tener infartos si también sufren de estrés elevado.

Diabetes

El estrés es probablemente un factor tan importante en la diabetes como la dieta, y si pensamos en lo que sucede cuando hay estrés, es fácil comprender por qué. Cuando el cuerpo recibe la señal de alarma de las hormonas del estrés, quiere proporcionar a sus músculos tanta energía como sea posible. El aumento del ritmo cardíaco y respiratorio es parte de la respuesta. Pero el corazón sólo hace circular cosas; no provee combustible. ¿De dónde viene el combustible? De sus reservas de grasa. La adrenalina da la señal a las células adiposas para que envíen su grasa al torrente sanguíneo, donde puede convertirse en la glucosa que los músculos necesitan. Su cuerpo trata de conservar tanta grasa y glucosa en la sangre como sea posible durante el estrés. Para hacer esto, cancela la insulina, que trata de forzar la grasa y glucosa en depósitos o tejido muscular. (Los únicos lugares donde no se cancela la insulina son los músculos que están siendo usados, ya que necesitan toda la glucosa que puedan obtener.) Como la resistencia a la insulina es el principal problema de la diabetes, el estrés lo empeora aún más.

Acrecentando el problema, su sangre se vuelve más densa cuando hay estrés. Plaquetas extra se añaden a su sangre, lo cual hace posible la coagulación. Sangre que se coagule fácilmente es lo que usted necesita si su estómago está a punto de ser abierto por una espada o por la garra de un oso, pero no si usted tiene diabetes o una enfermedad cardíaca, porque es más probable que produzca obstrucciones.

Ahora, tome un momento para considerar el impacto general del estrés sobre su sistema cardiovascular. Usted tiene sangre densa, almibarada, que probablemente se coagule empujando con excesiva fuerza desde su corazón retumbante y a través de vasos sanguíneos que se han estrechado. Si eso no es suficiente para que usted comience de inmediato un régimen de reducción de estrés, el resto de esta sección lo será.

Aumento de peso

Anteriormente mencioné que el estrés suprime el apetito. La historia real es más complicada. Durante los primeros minutos de estrés, la adrenalina desde su cerebro en verdad suprime el hambre. Ésa en verdad es la última cosa de la que tiene que preocuparse hasta que haya tratado con el estresor. Pero el cortisol de las glándulas suprarrenales en verdad estimula su apetito, y tarda más tiempo que la adrenalina en circular por el cuerpo y en ser eliminado. Horas más tarde, todavía puede estar allí. La tarea del cortisol es tomar el control después que usted trató con la amenaza inmediata. Mantiene sus músculos y sentidos en alerta máximo por un rato, puesto que esa amenaza podría estar todavía alrededor, y le indica a usted que *coma*. Ya que probablemente gastó mucha energía en atacar o huir, ahora usted necesita recuperar energía a fin de estar preparado para la próxima emergencia. El cortisol lo hace voraz, y favorece más que nunca el almacenamiento de grasas —especialmente alrededor del abdomen. ¡Qué servicial!

Probablemente usted conoce el guión. Tiene un trabajo sumamente estresante, y durante nueve horas o más por día corre por allí como un pollo sin cabeza, y difícilmente piensa en la comida. Hasta puede saltear el almuerzo. ¡No hay tiempo! Después, finalmente, camina con dificultad hacia su casa a las ocho en punto, recoge la comida china preparada, y prácticamente traga los pequeños envases de cartón blanco. El estrés se fue (temporalmente), usted está relajado, su cortisol sigue siendo fuerte, y ahora le dice que coma todo el pollo o el pastel y almacene rápido esas calorías. Por esa razón el estrés crónico es uno de los principales culpables del aumento de peso.

No confunda estrés crónico con estrés constante. El primero ocurre todos los días, o casi todos los días, pero no tiene que ser cada minuto de cada día. El estrés constante, implacable —tal como una dolorosa enfermedad— no causa aumento de peso porque la adrenalina nunca se va. El apetito es suprimido permanentemente. Tales personas, en cambio, tienden a consumirse.

Úlceras y desórdenes digestivos

El lento proceso de convertir la comida de su estómago en energía no entra en la categoría de "emergencia", así que cuando enfrentamos al estrés, su cuerpo paraliza la digestión. La sangre se desvía del estómago y el intestino delgado hacia el corazón y otros músculos. Luego, una vez que el estrés desaparece, el cortisol hace arrancar otra vez la manivela del apetito. Si usted tiene la clase de trabajo o vida familiar que involucra breves y estresantes llamadas telefónicas, reuniones y presentaciones, interacciones con otros colegas o familia, y el conducir frenéticamente, entonces usted tiene el clásico patrón de estrés que genera úlceras. Normalmente, la pared de su estómago está cubierta con una gruesa capa de mucosidad para protegerla del ácido clorhídrico que deshace la comida la comida en su interior. Pero cuando la digestión se paraliza frecuentemente por el estrés, su cuerpo no coordina el formar la mucosidad para cubrir el estómago. Entonces el ácido quema y hace un orificio en una zona desprotegida de la pared estomacal, y ¡listo!, tiene una buena y dolorosa úlcera.

Sus intestinos también sufren bajo el estrés. Mientras que el estrés paraliza el estómago y el intestino delgado, realmente apresura el movimiento del intestino grueso para descargar cualquier exceso de equipaje en preparación para cualquier "huida" que pueda surgir. Cuando el estrés se va, esto se revierte. Pero así como mover su auto para atrás y para adelante entre la marcha y la reversa puede arruinar su transmisión, el encender y apagar del estrés aporrea los intestinos. Pueden tener espasmos, causando (o agravando) condiciones tales como colitis y síndrome de intestino irritable (SII).

Inmunidad

Es bastante sorprendente cómo el experimentar estrés puede hacer pasar al sistema inmunológico por toda clase de volteretas. Cuando el estrés golpea, el cuerpo produce glóbulos blancos adicionales para luchar contra la infección. Y el cortisol empuja a los glóbulos blancos ya existentes de sus tareas cotidianas de interferencia buscando células cancerígenas y los envía al frente para proteger de infecciones de cualquier herida punzante que usted pueda sufrir durante el estrés. (Es muy probable que tanto el ataque como la fuga puedan resultar en cortes.) Esto es algo así como movilizar a la Guardia Nacional. Después de alrededor de media hora de estrés, el cortisol comienza a reducir el número de glóbulos blancos que tiene en circulación. ¿Por qué? Si usted mantiene esos glóbulos blancos de la Guardia Nacional en Código Naranja, corriendo por todo el cuerpo en busca de enemigos y no hay ningún enemigo, finalmente confunden sus *propias células* y comienzan a atacarlas. A esto se le denomina enfermedad autoinmune —su propio sistema inmunológico la ataca a usted. Algunas enfermedades autoinmunes son la enfermedad de Crohn, la de Graves, artritis reumatoidea, esclerosis múltiple, lupus y soriasis. Así que el cortisol sólo trata de cumplir su tarea reduciendo el número de glóbulos blancos.

Pero hay un problema. Si su estrés continúa por un tiempo, el cortisol continúa esa reducción, hasta que el sistema inmunológico se deprime. De repente, usted tiene más probabilidad de tener un resfriado u otras enfermedades.

Como ocurre con muchos otros sistemas, un poco de estrés no le hace mal a su sistema inmunológico. Levanta su ánimo de pronto y es menos probable que se resfríe o padezca una infección durante los minutos iniciales del estrés. Pero enseguida, el recuento de glóbulos blancos comienza a caer, y sigue disminuyendo mientras el estrés continúa. El estrés crónico incrementa grandemente el riesgo de enfermedades.

Envejecimiento general

Todos hemos visto lo que ocurre con las personas que han sufrido de estrés por años. Su cabello se vuelve gris. La piel se torna amarillenta y arrugada. Todo, desde los ojos hasta el tono muscular, simplemente no luce bien. Usted ya debe comprender por qué. El cortisol ordena al cuerpo que deje todos los proyectos a largo plazo y ponga todos sus recursos en la supervivencia a corto plazo. Uno de los proyectos a más largo plazo es el de la reparación general de células que continúa todo el tiempo y nos permite mantenernos jóvenes. El cuerpo utiliza las proteínas de su dieta para restaurar estas células, y también el ADN en ellas. Bajo condiciones de estrés crónico, el cuerpo detiene la reparación celular, y en cambio usa las proteínas como una fuente adicional de energía para el "ataque o fuga". Todos los procesos de mantenimiento cesan. Eso explica por qué las personas que sufren estrés a largo plazo lucen agotadas. Están enfermas a nivel celular.

Otras condiciones

Piense en algo malo que pueda ocurrirle al cuerpo y el estrés lo intensificará. El estrés causa depresión bajando los niveles de serotonina. Hace que los músculos estén tensos (lo cual es útil si se prepara para el ataque o fuga), lo que conduce a sufrir desde dolor de espalda hasta migraña (causada por la tensión en los músculos de la cabeza). Desconecta las funciones cerebrales superiores y la memoria (para permitirle concentrarse en las reacciones rápidas, instintivas al estrés), y el estrés crónico en verdad *contrae* el hipocampo, la parte del cerebro que alberga la memoria. Incrementa las enfermedades periodontales (su sistema inmunológico no lucha contra los gérmenes que provocan la enfermedad), en los niños atrasa el crecimiento, e inhibe la reproducción tanto en la mujer como en el hombre.

Un efecto obvio del estrés es que dificulta el dormir. Dormir es más o menos lo opuesto al estrés. Para dormir, usted debe relajarse, y no puede relajarse con todo ese cortisol corriendo a través de su sangre y acelerando su ritmo cardíaco y sus pulmones. Pero la falta de sueño en sí misma causa muchas de las mismas condiciones que el estrés, incluyendo depresión, envejecimiento acelerado, memoria débil, baja funcionamiento inmunológico, y aumento de peso. Así que usted ingresa en un círculo vicioso del estrés que provoca dormir mal, y el dormir mal que causa más estrés. El sólo sentirse poco saludable es estresante, lo cual significa que todas las condiciones causadas por el estrés tienden a reforzarlo.

¡Es hora de que salga de ese círculo vicioso! Nuestra sociedad está tan sobrecargada y acelerada que el estrés está garantizado a menos que usted se plante y rehúse vivir a toda máquina todo el tiempo. Hoy, si usted va a vivir sin las peligrosas cargas de estrés, debe elegir. Necesita un plan, y saber qué hacer. Aquí tiene algunas ideas para que pueda comenzar.

Cinco maneras de liberarse del estrés

Este ha sido un capítulo largo —a propósito. Encuentro que toda la gente asiente con su cabeza y habla de los dientes para afuera sobre la idea de que el estrés es malo y debería reducirse en su vida, pero no hace nada al respecto. Es demasiado fácil adherirse al statu quo y seguir bajo la amenaza del estilo de vida estresante. De

> *El estrés es mortal. Usted no puede llevar una vida recta y plena si el estrés está quebrando su espíritu.*

modo que espero que las explicaciones de este capítulo le permitan ver con claridad que el estrés no es una inconveniencia. El estrés es mortal. Usted *no puede* llevar una vida recta y plena si el estrés está quebrando su espíritu.

Sé de lo que hablo. Por años, estuve arruinada por el estrés. Estaba enferma y sumamente cansada todo el tiempo. Tenía dolores de cabeza, problemas en la espalda, desequilibrios hormonales, cáncer, y alta presión sanguínea. Tuve una histerectomía que probablemente ni siquiera necesitaba. Me preocupaba mucho y trataba de resolver demasiadas cosas. Mi agenda era descabellada y mi mente nunca dejaba de dar vueltas. Hacía tantas cosas todos los días y trabajaba hasta tan tarde por la noche que no permitía que mi sistema se tranquilizara lo suficiente para dormir de manera apropiada. Me alteraba emocionalmente con regularidad. La mayor parte del tiempo se trataba de mi agenda, aunque yo era la única que la manejaba, así que no tenía a nadie a quien culpar. Solamente yo podía cambiarla, pero me tomó años de sufrimiento llegar al punto de estar dispuesta a hacerlo.

Cuando termino de ministrar en una conferencia, estoy cansada, física, mental y emocionalmente. Para cuando me voy, he dado tanto a otros que ya casi no queda nada. Finalmente aprendí que después de una conferencia, necesito tomar un tiempo para relajarme, hacer algo que disfrute, quitarme el estrés, y recargar mis baterías. Si no lo hago, estoy en problemas.

Por años, volvía de una serie de reuniones donde el Espíritu de Dios se había estado moviendo con gran poder. Pero llegaba a mi casa y tenía una mala actitud. Me enojaba con Dave por irse a jugar golf y divertirse mientras yo estaba en casa sintiéndome pésima. Tenía lástima de mí misma, me enojaba, y me desquitaba con los demás.

Ahora, después de una conferencia, me tomo un tiempo para eliminar el estrés. Podría hacerlo dándome un gusto e ir de compras. Sí, salir de compras es una técnica excelente para reducir el estrés —si a usted le encanta hacerlo, si puede relajarse haciendo eso, y si no se estresa financieramente. O me doy el gusto de ver una buena película. Con frecuencia, recibo masajes. Lo que sea, pero sé que no voy a regresar al trabajo hasta que haya eliminado el estrés que me produjeron las responsabilidades de la conferencia.

Ése es sólo un ejemplo de mi vida. Puedo pensar en muchos más, y estoy segura de que conoce las formas que funcionan con usted —si bien el que en verdad las ponga en práctica es otro asunto. Ahora que sabe cuánto puede enfermarla el estrés, la próxima vez que sienta que su cuerpo comienza a ponerse frenético, espero que intente algo que crea que le aliviará. Los siguientes son algunos de los clásicos métodos probados y aprobados.

1. Apoyo social

Los estudios muestran que el aislamiento social conduce a niveles elevados de cortisol. Somos seres sociables, y andar con otros nos hace sentir bien y relajados. Numerosas salidas sociales son buenas para diferentes personas; sólo asegúrese de que tenga algunas. Mis sugerencias:

- **Familia.** A veces, estar en familia puede ser una fantástica manera de relajarse (¡aunque a veces puede significar una fuente de estrés!)

- **Iglesia.** Ya mencioné antes que las personas que concurren semanalmente a la iglesia viven mucho más tiempo. Se sienten más seguras, más amadas, y debido a eso tienen bajos niveles de cortisol.

- **Consejería.** Si usted no tiene a nadie más con quien hablar, el poder hablar de sus cargas con un consejero puede despejar un poco su mente y reducir el estrés.

- **Grupos y Clubes.** Los grupos sociales de todas clases —grupos de lectura, grupos de charlas, clubes de tejido, grupos de estudio bíblico, y hasta grupos de amigos que simplemente se reúnen para cenar una vez por semana—se ha comprobado que reducen el estrés.

2. La terapia de no alterarse

Hay algunas cosa que usted puede controlar en su vida—su elección del trabajo, quienes son sus amigos, su consumo de café y las trasnoches. Hay otras que no puede —lo que otras personas dicen y hacen, las fluctuaciones del mercado de valores, la pinchadura del neumático esta mañana. Cómo reacciona usted a cosas que no puede controlar ayuda a determinar su nivel de estrés y la calidad de su salud. Las personas que regularmente se alteran por pequeñas cosas sufren de muchas maneras. La gente que no se deja afectar por ellas está mucho mejor. La Biblia lo llama "echar vuestra ansiedad".

El no dejarse afectar no significa indiferencia; simplemente significa reconocer que no hay nada que usted pueda hacer para cambiar las cosas en ese preciso momento. La pinchadura del neumático ya ocurrió; tratar con eso llamando a la AAA (Asociación Americana del Automóvil) tiene sentido, hacer un berrinche y dar puntapiés no. No se deje engañar por la teoría de que el cuerpo es una "motor a vapor". Cuando la psicología se convirtió en una ciencia, los motores a vapor eran la forma dominante de las máquinas, así que ése es el modelo que los psicólogos presentaron para el cerebro. Acumulamos presión dentro, y luego tenemos que "dejar salir el vapor" o explotamos. Pero no existe evidencia de que el cuerpo humano funcione así. Reaccionar con enojo simplemente le da manivela a todo su sistema y eleva el cortisol. Lo mismo ocurre al estar silenciosamente a punto de estallar de ira.

El enfoque para disminuir el estrés es no dejar que las cosas nos afecten. La vida pasa. Dios obra de maneras misteriosas. Si usted confía en que Él soluciona las cosas, navegará en las profundidades de la vida con pocas irregularidades en sus niveles de cortisol.

Paso tiempo ministrando en la India y en África, y soy confrontada con la terrible pobreza y el hambre que veo allí. Siento un profundo afecto por esas personas y hago todo lo que puedo para darles alivio, pero me doy cuenta de que soy solamente una persona y sólo puedo hacer mi contribución. Puedo dejar que eso me consuma y sacudir mi puño ante la injusticia de todo eso, pero, ¿qué lograría, aparte de enfermarme y posiblemente incapacitarme para hacer cualquier cosa? Hago lo que puedo, pero no me altero por lo que está más allá de mi control. Haga todo lo que pueda, ore, ¡y Dios hará el resto!

El control es un gran tema. Cuando la gente tiene control sobre una situación, posee un nivel mucho más bajo de cortisol que cuando no lo tiene. La responsabilidad es otro tema. Mientras mayor sienta que es su responsabilidad por una determinada situación, más elevado será el cortisol. Por eso debería evitar cualquier situación que tenga esa combinación mortal de bajo control y alta responsabilidad. Por ejemplo, digamos que usted trabaja en un restaurante y el sistema informático deja de funcionar. No hay nada que pueda hacer al respecto, de hecho ni siquiera comprende cómo funciona el sistema, sin embargo tiene una habitación llena de personas con hambre y usted es responsable de conseguirles la comida. ¡Situación de intenso estrés! Usted recibe toda la culpa pero no tiene autoridad para cambiar las cosas o tomar medidas que podrían haber evitado la situación. Existen situaciones que no puede controlar, lo cual está bien; sólo no se responsabilice de ellas. Y cuando usted se responsabiliza de algo (que a menudo es lo que debe hacerse), asegúrese de que también tenga la suficiente autoridad para tomar decisiones y controlar lo que sucede.

3. Encuentre su elemento—y quédese allí

Mi esposo, Dave, una vez hizo una de las cosas más sabias que he visto. Antes de que ingresáramos al ministerio a tiempo completo él trabajaba como ingeniero. Le ofrecieron un ascenso que incluía un aumento de sueldo y mucho prestigio. Pero lo rechazó. Al principio me enojé con él. Creía que cometía un gran error. ¿No quería subir en el escalafón de la empresa? ¿Él no era la mejor persona para el trabajo? Explicó que había observado a los otros hombres que estaban en ese puesto. Tenían que viajar por todas partes, y constantemente eran cargados con plazos irrazonables que los ponían bajo tremenda presión. "Esa no es la manera en que deseo vivir", dijo Dave. Eligió el puesto que le permitía seguir con sus valores centrales —comprometido con la familia, y reconfortado en su ser— en vez de perseguir el poder empresarial para que los demás lo admiren. Además, ¿por qué elegir un sueldo mejor si sólo lo gasta en honorarios médicos para aliviar las enfermedades inducidas por el estrés? El estrés laboral en este país causa tantas enfermedades como el fumar y la falta de ejercicio. Al igual que esas cosas, mata.

Todos queremos más dinero, y luego de conseguirlo encontramos que no cambia mucho la dinámica básica de nuestra vida. Quizás conducimos un auto más lujoso, o comemos en mejores restaurantes, pero seguimos siendo en esencia la misma persona, y nuestro nivel de felicidad realmente no se incrementa. Los fundamentos más importantes para la felicidad a largo plazo se basan en la correcta relación con Dios, buena salud, una buena vida familiar, trabajo satisfactorio que no sea demasiado estresante, y suficiente dinero para no preocuparse por las finanzas. Todo lo demás es inútil.

Es natural que le importe lo que los demás piensen de usted, y anhelar una posición en la cual los demás lo admiren. Pero hay sorprendentemente poca satisfacción en ello. Creo que podría haber mucha más felicidad y menos estrés en el mundo si las personas invirtieran tiempo en conocer su elemento natural y se quedaran allí. Cuando le ofrezcan un nuevo puesto, pregúntese por qué lo desea. Si es sólo por prestigio, no lo acepte. El dinero es un factor importante, y puede facilitar algunas cosas en la vida, pero no acepte *ningún* trabajo meramente por el dinero si eso lo va a hacer menos feliz diariamente.

Es difícil decirse: "No soy bueno en eso", pero ¡es muy liberador! Una vez que lo dice, y está en paz con eso, el juicio y la presión desaparecen. Entonces puede concentrarse en las cosas en que usted es bueno.

Puede estar en un puesto que no lo hace feliz y necesita hacer un cambio. Puede estar orgulloso de su puesto, pero si le roba la salud, ¡salga tan pronto como pueda! Si sus superiores constantemente lo hacen sentir mal consigo mismo, resuélvalo con ellos o considere irse a otro lugar. Reduzca su nivel de estrés si es demasiado alto. Su elemento está esperándolo en algún lugar allí fuera; si no está en él, ¡vaya y encuéntrelo ahora! Jesús vino para que "tengan vida, y la tengan en abundancia" (Juan 10:10, NVI). Haga lo que sea necesario para asegurarse de disfrutar la vida que Él ha provisto para usted.

A veces se requiere más valor para decir "no" que para decir "sí". Usted puede llevar este concepto más allá del ámbito del trabajo. Quitar de su agenda todas las cosas que no estén dando buen fruto disminuirá grandemente su nivel de estrés y le permitirá disfrutar realmente las cosas en las que decida concentrarse.

4. Nutrición, suplementos y dieta

Lo que usted incorpora físicamente a su cuerpo tiene un enorme impacto en su nivel de estrés. El ejemplo más obvio es la cafeína. La cafeína hace que el cuerpo libere adrenalina y cortisol. Una taza de café es una taza de estrés: acelera su respiración y ritmo cardíaco, tensiona los músculos, agudiza sus sentidos, etc. Es estupendo como un propulsor del rendimiento a corto plazo, pero demasiadas tazas por día pueden dejarla absolutamente estresada, con todos los clásicos síntomas: falta de sueño, incapacidad para concentrarse, irritabilidad, etc.

Ninguna otra cosa tiene un inmediato y obvio efecto sobre el estrés como la cafeína, pero la nutrición puede ser muy importante en la regulación de su estrés. Una dieta rica en proteínas evita el efecto de aplastamiento del humor por el aumento vertiginoso e intensivo del azúcar en la sangre que proviene de una dieta de alto contenido de carbohidratos. Los suplementos nutricionales y las vitaminas también son importantes. Al acelerar su metabolismo, el estrés hace que se consuman ciertas vitaminas a un paso vertiginoso, particularmente las vitaminas C y B. Si se encuentra bajo mucha presión, asegúrese de recibir dosis adicionales de estas vitaminas en sus comidas o suplementos. Sé que muchos médicos hablan mal de los suplementos, pero también sé de primera mano la diferencia que han significado para mí.

Uno de los productos de venta libre que me ha ayudado tremendamente es una combinación de *Magnolia officinalis* y *Phellodendron amurense*, dos hierbas con larga historia medicinal. Este producto ha demostrado en estudios que reduce los niveles de cortisol y favorece la relajación y el sueño reparador sin sedantes. Lo he tomado por un par de años y mi sueño ha mejorado, los músculos ya no están tensos, y tengo más energía que antes.

Por otro lado, lo he recomendado a amigos que estaban estresados y no les sirvió. El sistema de cada persona es diferente. Necesitará experimentar para encontrar los suplementos nutricionales adecuados para usted. Como ocurre con muchas hierbas de venta libre, existen diversas opiniones con respecto a la seguridad y la efectividad de este producto. Aunque han sido seguros para mí, usted debería consultar a su médico antes de probar cualquier suplemento a base de hierbas.

5. Técnicas de relajación

La relajación no es egoísta. No es decaimiento. Es una manera de recargar las baterías —físicas, emocionales y espirituales— de modo que mañana pueda regresar a la palestra con todas sus fuerzas. Sacará mayor provecho de sus días, vivirá más tiempo y más saludablemente, lo disfrutará más, si toma tiempo para tratarse correctamente. Hay miles de posibilidades para hacer eso. Aquí están algunas de mis favoritas:

- **Juegue.** Todos sabemos que los niños necesitan jugar. Es esencial para el desarrollo de sus habilidades físicas y sociales, y también como una forma de aliviar la tensión. Pero los adultos necesitan jugar tanto como los niños, y por las mismas razones. Los hombres adultos, en particular, necesitan jugar. Lo sé porque mi esposo, Dave, llama a uno de sus amigos y dice: "¿Puedes jugar hoy?" Ahora bien, lo admito, él se refiere al golf, pero es lo mismo. El juego es una estupenda manera de relajarse, porque usted consigue la diversión de la creatividad y el desafío sin la presión, ya que no hay "repercusiones" basadas en su desempeño. (Si en un deporte se siente presionado a hacerlo bien, entonces ya no es realmente un "juego", y usted no recibe los beneficios. Recuerde, ser primero en todo tiene más fama de la que merece, sea en un juego o en el trabajo.) Elija una actividad recreativa que sea rotunda diversión para usted y que constituya una total distracción y un escape del resto de su vida.

- **Ríase.** "Gran remedio es el corazón alegre", dice la Biblia (Proverbios 17:22, NVI), "pero el ánimo decaído seca los huesos". El reírse afablemente de sí mismo y de los altibajos de la vida es una de las mejores prácticas para la disminución del estrés. Los experimentos incluso han demostrado que las personas a quienes se les dijo que sonrieran durante un estudio —tuvieran ganas o no— se sintieron mejor al final del mismo que aquellas a quienes no se les pidió eso. Que su próximo libro o el video que alquile sea uno que lo haga reír a carcajadas; la vida no puede ser un drama todo el tiempo.

- **Haga ejercicio.** Ya he discutido este tema en profundidad, de modo que no diré mucho aquí. Simplemente sepa que es probablemente la mejor manera de eliminar el estrés. Las hormonas del estrés lo preparan para atacar o huir de cualquier modo, ¡así que debe darles lo que quieren! Use esos músculos y agote el azúcar y el cortisol. El estrés constriñe los vasos sanguíneos, pero el ejercicio los vuelve a abrir (al menos, aquellos involucrados en el ejercicio). El ejercicio devuelve el equilibrio a su sistema.

- **Duerma.** Al principio, como sabemos, Dios separó la luz de las tinieblas e hizo el día y la noche. ¿Esto fue para que existan los autocines? ¿Para que los carteles de neón luzcan bien? ¡No! Fue porque hay tiempo para trabajar y tiempo para dormir. Fuimos creados para detenernos cada día y tomar un tiempo para descansar y recargarnos. Así que no trate de robar ese tiempo: acéptelo. A veces nuestro cuerpo tiene más sabiduría que nosotros. Su cuerpo realmente le dirá lo que necesita si usted lo escucha. Mi cuerpo en verdad me dice cuando está cansado. Por años lo ignoré. Empujé, empujé y empujé hasta que finalmente mi cuerpo dijo: "Estoy cansado de ser llevado más allá de los límites razonables. No voy a cooperar más". Y se enfermó. Ahora, cuando mi cuerpo me hace ver que necesita descansar, ¡descanso! Si estoy soñolienta, duermo una siesta. A veces, diez minutos es suficiente para sentirme como nueva.

- **Ore**. La oración es simplemente hablar con Dios. Algunas personas encuentran que el tiempo con Dios por la mañana o por la tarde es el mejor método para cultivar la calma y la concentración, pero usted también puede intentarlo en minioraciones. Cada vez que las cosas comiencen a sentirse abrumadoras en el trabajo (o en cualquier otro lugar, en realidad), coloque los brazos sobre su escritorio, descanse la cabeza sobre ellos, cierre sus ojos, y pídale a Dios que lo refresque. Respire profundamente varias veces y deje que su mente se aquiete. Sea muy cuidadosa al respecto. No deje que su mente vuele de una situación a otra. La meta es prestar atención a otra cosa en vez de aquello que está estresándolo, algo que en realidad le brinde paz. Si tiene una hermosa vista a través de su ventana, tome unos momentos y simplemente mírela. Cuando sienta que su sistema se tranquiliza, puede regresar a sus tareas, y las hará con mayor claridad que antes.

- **Hágase dar masajes**. Lo admito, soy adicta a los masajes. Nada me hace sentir mejor. ¡Y sentirse bien es salud en sí! El masaje no sólo alivia y tonifica los músculos doloridos, sino que también disminuye la presión sanguínea y el ritmo cardíaco, libera endorfinas en el cerebro, expulsa las toxinas de los músculos, favorece la circulación de la sangre e incrementa la relajación. Hasta puede mejorar la función inmunológica. Todos necesitamos el contacto —los niños que no reciben contacto físico pueden tener un crecimiento deficiente— y el masaje es una de las mejores terapias de contacto que existen.

- **Otras ideas**. Relájese con música, tome un baño tibio con luz ténue o camine por un bosque en otoño. Usted sabe cómo se siente la relajación, y sabe cuándo ocurre. ¡Deje que la relajación intencional forme parte de su vida diaria! Sobre todo, vigile su estado emocional. Sus emociones son válidas, y si se sienten aporreadas, necesitan un poco de CAT (cuidado amable y tierno) de su parte.

≻≻≻ HÁGALO ≺≺≺

"Pero sed hacedores de la palabra, y no tan solamente oidores."
(Santiago 1:22)

Elija al menos una acción que pueda poner en práctica para disminuir su carga de estrés. Escríbala abajo, *comprométase a hacerla* y comience hoy mismo.

Acción: _____

➤ CLAVE 10 ◄

Vea correctamente

Para llegar a algún lugar, usted debe saber adónde va. Puede no conocer la ruta exacta, pero al menos está pensando en una meta. Si está conduciendo de St. Louis a Nueva Orleáns, usted tiene una meta. Y tiene muchos medios para alcanzarla, desde leer mapas hasta detenerse y preguntar la dirección. Por otro lado, si solamente se sube a su auto en St. Louis y conduce sin tener idea de adónde va, seguramente no llegará a ningún lugar provechoso. Probablemente terminará dando vueltas en círculos.

En su esfuerzo por disfrutar la vida sana que usted merece, debe tener una visión de su meta. ¿Cómo será su vida cuándo se alimente bien, y se sienta en forma, cómoda y feliz? ¿Cómo lucirá? ¿Qué clase de actividades llenarán sus días? Sólo cuando tiene una visión de lo nuevo puede comenzar a hacer los planes necesarios para alcanzarlo.

Uno de los ejemplos más dramáticos que he presenciado de esto se refiere a una mujer que contraté como administradora hace diez años. La manera en que se veía Cindy cuando por primera vez vino a trabajar conmigo dejaba en claro cómo se sentía acerca de sí misma. Tenía treinta libras (aprox. 14 Kg) de sobrepeso y no hacía ningún esfuerzo para que su ropa, cabello, postura o cualquier otra cosa luciera atractiva. Aunque hacía muy bien su trabajo, era insegura, frecuentemente estaba malhumorada y parecía desdichada. También tenía mucho temor de cometer errores o defraudar a las personas, y cuando lo hacía se perseguía y se sentía culpable durante días.

Era una adicta al trabajo, un síntoma clásico de quienes sienten que no poseen un valor intrínseco y colocan el valor sólo en lo que producen o logran. (¡Y hablo desde mi experiencia personal!)

No me sorprendió descubrir que Cindy fue verbalmente abusada en los primeros años de su vida y se le hizo sentir como si careciera de valor. Pero era una mujer agradable, dotada de un potencial muy grande; podía ver su espíritu brillar bajo las capas que lo habían cubierto a lo largo de los años. Necesitaba una visión de cosas mejores. Necesitaba creer que las cosas podían cambiar para ella, y al final eso fue exactamente lo que ocurrió.

Mientras pasaba tiempo conmigo y mi familia, Cindy empezó a ver que existe una manera distinta de vivir. Comenzamos a hacer cosas especiales para que se sintiera valiosa. Siempre le gustaba mi ropa y veía que solía regalarla a otras mujeres que trabajaban para mí. Con frecuencia decía: "Desearía poder vestir su ropa". Hasta que un día afirmó: "¡Yo voy a poder usar su ropa!"

Antes de alcanzar la victoria debemos hacer la transición desde desear hacia hacer. Cindy logró una visión de lo que podía ser, en vez de creer que siempre tendía que ser lo que era. Después decidió que era tiempo de cambiar su vida. Creyó que merecía más de la vida. Estudió nutrición, y en vez de seguir con cualquier otra dieta, cambió sus hábitos de alimentación y supo desde el comienzo que tenía que ser una decisión de por vida. En vez de trabajar todo el día y después ir a su casa por una enorme comida insalubre justo antes de irse a la cama, comenzó a tomar un buen desayuno, un excelente almuerzo, y una cena liviana y saludable. Comía muchas verduras, carne magra, fruta y tentempiés saludables. Continuó adelgazando y adelgazando, y ¿adivine qué? ¡Cindy ahora usa mi ropa! Luce y actúa como una persona diferente de la que contraté hace diez años.

Pero eso es lo de menos. A lo largo de los años la hemos visto transformarse en una mujer elegante, atractiva y saludable, que es equilibrada y que disfruta mucho de la vida. Comenzó a trabajar para mí como doméstica, y ahora realmente administra la casa y me ayuda con muchos detalles de mi vida, incluyendo la preparación de los viajes, la tarea de ordenar y el trabajo informático. Lo mejor de todo, es que la considero una amiga fiel. Le agradezco a Cindy por ser un maravillo-so apoyo en mi vida, y por permitirme compartir su historia.

Dios tiene un solo cambio: ¡hacia adelante! No tiene marcha atrás ni punto muerto. Él desea que comience a progresar hacia sus metas, pero antes de que pueda hacerlo usted debe tener una clara imagen de ellas, tal como lo hizo Cindy. Si está colgada de las decepciones del pasado y sigue insistiendo con ellas, nunca se les escapará. ¡Hable de su futuro no de su pasado! Hable sobre cómo se está renovando. Toda persona triunfante comienza teniendo una visión de su triunfo. Ahora que se ha informado con este libro sobre todas las herramientas que necesita para convertirse en triunfadora por dentro y por fuera, para verse y sentirse como tal, es tiempo de que saque el mapa de ruta de su vida, elija su lugar de destino, y deslice la palanca de transmisión. Aquí tiene cinco ideas para ayudarle a elegir dónde ir.

> *Toda persona triunfante comienza teniendo una visión de su triunfo.*

Cinco maneras de desarrollar la visión correcta

1. Piense (y hable) de su realidad como ya existente

"Manifestar su realidad" suena como algo de un curso contempo-ráneo de autoayuda, pero el concepto surge directamente de la Biblia: "Porque cual es su pensamiento en su corazón, tal es él" (Proverbios 23:7). Me gusta decirlo así: "Donde la mente va, el hombre la sigue". Los pensamientos positivos son los precursores de una vida positiva. Por otro lado, nuestras vidas pueden ser deprimentes debido a preocu-paciones y expectativas negativas.

La mayoría de la gente cree que no puede controlar sus pensamien-tos, pero puede. Como cualquier otra cosa, requiere práctica. Lo que usted piense depende de usted. Puede escoger sus propios pensamien-tos y debería hacerlo con mucho cuidado, ya que tienen poder creati-vo. Los pensamientos se transforman en palabras y acciones. Si no rechazamos los malos pensamientos, finalmente los convertiremos en palabras y acciones malas que no agradan a Dios. (Para más ayuda en esta área, le sugiero que lea mi libro *El campo de batalla de la mente*.)

Acostumbramos creer que son los problemas los que arruinan nuestra vida, pero generalmente es nuestra actitud hacia ellos lo que provoca la ruina. Como dice la Biblia: "Todos los días del afligido son difíciles; mas el de corazón contento tiene un banquete continuo" (Proverbios 15:15). Todos conocemos personas que tienen una excelente actitud pese a estar en circunstancias difíciles. También encontramos a algunos que tienen dinero y el privilegio de gastarlo, pero murmuran y se quejan, son negativos y críticos, llenos de autocompasión y resentimiento.

Tenemos mucho que ver con lo que resultan nuestras vidas, más de lo que nos gusta admitir. Aprender a pensar correctamente es obligatorio para una buena salud. Los pensamientos afectan las emociones, y ambos afectan al cuerpo. Para que usted sea sano, debe mantener una mente sana.

Decida ahora mismo que va a tener una mente sana. Renovar su mente llevará algo de tiempo y esfuerzo. Debe aprender maneras de pensar nuevas y positivas. Leer la Palabra de Dios puede ayudarle a hacer precisamente eso.

Otra práctica excelente es crear una visión del ideal de usted misma. Lleve esta visión en su mente, y asuma el rol de su ideal de usted, como si estuviera actuando en una obra. Diga y haga lo que su ideal de usted diría y haría, en vez de lo que hace su "usted actual". Pronto se irá transformando en esa persona ideal y ya no estará actuando. Si nunca ha sido una persona disciplinada pero idealmente quisiera serlo, deje de decir: "No soy disciplinada" y comience a decir: "Soy una persona disciplinada". Diga: "Luzco espléndida, me siento fabulosa, y me alimento adecuadamente." Diga: "Me encanta el ejercicio y tengo energía en abundancia".

Comience haciendo un bosquejo con palabras. Describa las actividades de su ideal de sí misma, su apariencia física, valores, etc. Hágalo concreto, para que se sienta tan real como sea posible. Anotar sus metas ayuda a traerlas a la realidad y las consolida. Mantenga su visión y una lista de sus metas en algún lugar accesible de modo que pueda consultarlas periódicamente y ver cómo le va.

La lista de sus metas puede servir como peldaños en el camino para convertirse en su ideal de sí misma. Asegúrese de que las metas formen parte de una visión saludable. "Voy a bajar veinte libras (9 Kg)", no es una meta saludable porque se enfoca en la balanza y no en su estilo de vida. "Voy a controlar mis porciones y hacer ejercicio diariamente" es una buena meta, y bajar cinco libras (2.27 Kg) este mes debido a eso es una buena meta a corto plazo.

2. Domine sus sentimientos

Todos tenemos emociones, pero debemos aprender a dominarlas. Las emociones pueden ser positivas o negativas. Pueden hacernos sentir maravillosos o espantosos. Pueden hacernos emocionados y entusiastas, o tristes y depresivos. Constituyen una parte esencial del ser humano, y eso está bien. Desafortunadamente, la mayoría de las personas vive según cómo se siente. Hacen lo que *sienten* hacer, dicen lo que *sienten* decir, compran lo que *sienten* comprar, y comen lo que *sienten* comer. Y eso no está bien, porque los sentimientos no son sabios.

Los sentimientos son volubles; cambian frecuentemente y sin aviso. Ya que los sentimientos no son confiables, no debemos dirigir nuestra vida por cómo nos sentimos. Puede ser consciente de sus sentimientos y reconocer su legitimidad sin actuar necesariamente basándose en ellos. Dios nos ha dado sabiduría, y deberíamos andar en ella y no en las emociones. La sabiduría incluye el sentido común, involucra el tomar ahora decisiones con las que estará satisfecho más tarde, basadas en su conocimiento. La sabiduría tiene discernimiento, prudencia, discreción, y muchas otras grandes cualidades.

Nuestras emociones son muy importantes. Nos ayudan a reconocer cómo nos sentimos verdaderamente y lo que valemos. La buena salud emocional es vital para una buena vida. Pero una buena vida también significa ser capaces de controlar nuestras emociones, y no ser controlados por ellas. Como expresé en el capítulo sobre el estrés, las emociones negativas tales como la ira, la falta de perdón, la preocupación, la ansiedad, el temor, el resentimiento, y la amargura causan enfermedades físicas al elevar el nivel de estrés.

Cuanto más saludables seamos, más estables serán nuestras emociones. Una persona saludable puede manejar la decepción más fácilmente que la que no lo es. Pueden mantenerse estables en las tormentas de la vida. Pero cuando el cuerpo ya está exhausto, las emociones se derrumban ante la primera señal de que algo anda mal. Cuando no me alimentaba bien, no dormía, y vivía bajo presión continua, era dominada por mis emociones. Cuando sus emociones han estado bajo mucha tensión, necesitan tiempo para sanar tal como lo necesita un brazo quebrado.

A veces, me parece que la mayor parte del mundo está loco, y quienes no, están tristes. Las cosas están mal cuando la gente debe tomar clases por la "agresión". Parte de esta epidemia puede deberse a la dieta. A la mayoría de las personas no se le ocurre pensar que su bienestar emocional depende en parte de lo que comen. Gracias a Dios que ya no tenemos que ser como "la mayoría de las personas". Mediante una educación apropiada y el deseo de tener una vida saludable, podemos ser libres de la esclavitud. Conoce el viejo dicho: "Si entra basura, sale basura". La alimentación de baja calidad, alta en carbohidratos está asociado con las rápidas caídas del azúcar en la sangre (hipoglucemia) lo cual causa no sólo hambre sino malhumor, tristeza, confusión, y sentimientos relacionados.

Para controlar sus emociones y su vida usted debe clamar por sabiduría de lo Alto; pero para tener la claridad mental para recibir la sabiduría de lo Alto, ayuda tener una buena nutrición.

Para más información sobre este tema, lea mi libro *Controlando sus emociones* [Casa Creación].

3. Suponga lo mejor

Podemos arruinar rápidamente un día con una forma de pensar errónea. Las amistades se destruyen por maneras de pensar equivocadas. Los tratos comerciales van mal. Los matrimonios fracasan. Es tan fácil concentrarse en lo que está mal en su cónyuge en vez de en lo que está bien, y pronto quiere alejarse de la persona con quien se casó, cuando de lo que usted realmente quiere escapar es de su propia mente negativa.

Reemplace la sospecha y el temor por confianza. La confianza genera confianza. Confiar en los demás, y especialmente en Dios, nos ayuda a mantenernos sanos. Cuando tenemos confianza, estamos relajados y en reposo.

Esto es el buen y viejo sentido común. Considere el siguiente caso. Usted va caminando por una calle extraña y un hombre sale de su casa llevando con una correa su pit bull que gruñe, y le farfulla: "¿Qué está haciendo en mi jardín?" Usted piensa: *¿Quién es este chiflado?*, y a su vez reacciona enojada y recelosa. Su hostilidad vuelve como un boomerang hacia él (y probablemente lo hace más hostil todavía). En cambio, si de algún modo usted es capaz de ver más allá de su desconfianza (¿le habrán robado recientemente?) y lo trata de modo sumamente amistoso y tranquilo, es probable que él también se sienta tranquilo, y tengan una interacción amistosa que mejore su día y el de la otra persona.

Llámelo "efecto boomerang". O vaya a la Biblia y llámelo "cosechar lo que siembras". Como sea que lo llame, es una antigua regla. Usted recibe lo que da.

4. Haga bien las pequeñas cosas

¿Alguna vez salió a desayunar con gente cuya consumición le costó ocho dólares y los vio torturarse por la propina? Tenían dos billetes de un dólar en cambio, pero sabían que dejar sólo un dólar sería inadecuado. Pero, ¿dejar dos dólares? ¡Nunca! Eso sería demasiado. Sin embargo, pierden diez minutos de su vida consiguiendo cambio de ese segundo dólar para poder dejar una propina de $1.50 y se ahorran cincuenta centavos, en vez de dejar una propina "excepcionalmente generosa" de dos dólares.

Pero ¿qué sucedería si dejaran los dos dólares? Habrían tenido libre un tiempo valioso —tiempo que indudablemente vale más que cincuenta centavos. Y la camarera se habría hecho el día. Esto no quiere decir que cincuenta centavos signifiquen mucho para ella, pero ¡el mensaje que acompaña a esos cincuenta centavos vale mucho! Significa gracias, y que lo que ella hace tiene valor. Quizás este mensaje se pierda —ella puede tomar la propina sin contarla— pero la persona generosa siempre será bendecida. Sabrá instintivamente que ha hecho lo mejor. Qué oportunidad… ¡podemos aumentar la felicidad de los demás y la nuestra por un simple vuelto!

Éste es un minúsculo ejemplo de las muchas maneras en que las pequeñas cosa que hacemos tienen repercusiones increíblemente fuertes. Las cosas pequeñas dan el tono a nuestros días. Ir la segunda milla por los demás —sea una propina ligeramente mayor, un cumplido inesperado o un regalo, o hasta sostener la puerta para ellos— le cuesta muy poco, y le da mucho.

Existen muchas otras maneras de hacer bien las pequeñas cosas. Ya he hablado sobre cómo el hacer que luzca atractiva y competente modificará la forma en que la traten los demás, incluso cambiará la manera en que usted piensa de sí misma. Si me quedo todo el día en camisón y no me arreglo el pelo, cuando alcanzo a verme en el espejo no me gusta lo que veo. Veo a una persona perezosa y desaliñada, y pienso así de mí misma. Pero si me visto agradablemente, aún cuando vaya a trabajar desde casa todo el día, me siento profesional, competente, atractiva y actúo de esa manera.

Y, por supuesto, si alguien llega de improviso, no tengo que dar excusas. No tengo que decir: "Oh, viniste el único día del año en que están los platos sucios, la casa es un desorden, y yo todavía estoy en pijama. ¡Pero generalmente no soy así!" *Generalmente no soy así* es una frase que usted nunca debería pronunciar, porque rara vez es verdad. Si usted es así un día, va a ser así otro día, y probablemente muchos más.

Si usted no quiere *ser así*, asegúrese de no serlo. Haga todas las pequeñas cosas que haría una persona de sinceridad, fe, dignidad, y excelencia, ¡y descubrirá que usted es esa persona! Deberíamos cuidarnos mucho a nosotros mismos primero por Dios y en segundo lugar por nosotros mismos. Cuando estoy sola en mi casa, me arreglo y trato de lucir lo mejor posible no para impresionar a los demás; allí no hay nadie a quien impresionar. Lo hago por el Señor y por mí. Tengo que mirarme y estar complacida con lo que veo.

5. Sea parte de algo más grande que usted misma

Como expresé en la Clave 1: Deje que Dios haga el trabajo pesado, y en otro sitio, usted tendrá mucho más éxito en todos sus esfuerzos si los hace por algo más que por USTED. Nada puede hacer que su visión sea más "correcta" que saber que está trabajando para la gloria de Dios, y que su destino final es su Reino. Hay mucho trabajo por hacer en la tierra, y muchas maneras de llevarlo a cabo. Sea que trabaje con quienes son menos afortunados que usted, ayudando a los niños a convertirse en adultos fuertes y felices, o difundiendo las Buenas Noticias a lo largo y a lo ancho, nada es más satisfactorio o facilita el hacer lo mejor, que el hecho de saber que ¡usted es parte de la más grande de todas las visiones!

➤➤➤ HÁGALO ⋖⋖⋖

"Pero sed hacedores de la palabra, y no tan solamente oidores."

(Santiago 1:22)

Elija al menos una acción que pueda poner en práctica para ver correctamente. Escríbala abajo, *comprométase a hacerla* y comience hoy mismo.

Acción: _____

➤ CLAVE 11 ◄

Hágalo fácil

ⁱ**F**elicitaciones! Ha cruzado todas las partes difíciles del libro, y todavía sigue. Tiene a su disposición todas las herramientas y los consejos que necesita para generar una vida muy saludable que se refleje por dentro y por fuera. Si usted es una persona apasionada, como yo, probablemente la consume la impaciencia por embarcarse en su nuevo estilo de vida, y adoptar todo tan pronto como sea posible. Si ése es el caso, entonces mi propósito al escribir este libro se ha cumplido.

Pero permítame ser la primera en decirle ¡alto! Vaya despacio. Si usted deja este libro, se pone las tenis, y trata de empezar a caminar cinco millas por día mientras prepara pollo de granja frito en poco aceite para la cena, se traga ocho vasos de agua, completa su diario de agradecimiento, y medita en su escritorio cada día, va a sentirse abrumada.

Este es el caso de "Haz lo que digo, no lo que hago". Soy el clásico ejemplo de la persona que trata de hacer demasiadas cosas demasiado rápido. Tengo tendencia a tomar decisiones rápidas y tener expectativas irreales. No puedo contarle cuántas veces comencé un programa de ejercicios y me lastimé porque trataba de hacer demasiado. Mi esposo, Dave, que es muy paciente y ha hecho ejercicio toda su vida, intenta decirme una y otra vez que comience despacio, pero "despacio" no está en mi vocabulario. Si su temperamento es como el mío, espero que usted aprenda de mis errores.

179

La mayoría de los seres humanos quieren todo rápido, pero Dios no está apurado. Él está con usted en esto por el camino largo y difícil. Él va a liberarlo de todas sus ataduras poco a poco. Lleva mucho tiempo meter nuestras vidas en un desorden, y llevará algún tiempo ver que las cosas se dan vuelta. No sea tan dura consigo misma, especialmente al comienzo. Tiene mucho que aprender y asimilar. Hay una razón por la cual le he pedido que elija una acción para hacer por cada capítulo ¡y no cinco!

El favor más grande que puede hacerse es no poner la barra demasiado alta al comienzo. Si tiene expectativas poco realistas, probablemente acabará desanimada. La gente que trata de arreglar en una semana todo lo que está mal suele rendirse. Recuerde, ¡se supone que estos cambios duran una vida!

He descubierto que el secreto del éxito en los proyectos a largo plazo es hacerlo fácil. Esto desafía lo que proclaman tantos libros de autoayuda: "Sin dolor no hay resultados". Ya que el dolor es la manera en que su cuerpo le dice que "PARE" de hacer algo, quizás esa frase no tiene mucho sentido después de todo. No necesita exigirse al límite de su capacidad, a menos que esté entrenando para las Olimpíadas. Mejorará simplemente por hacer algo con regularidad. Y la única manera en que lo va a hacer con regularidad es si no le molesta hacerlo. Para la mayoría de nosotros, las recompensas deben ser claramente mayores que los inconvenientes. Todo lo que a usted le preocupa es el resultado, y no gana puntos adicionales por resistencia o por extrema fuerza de voluntad, así que no haga las cosas en extremo difíciles para usted misma.

No estoy diciendo que su nuevo programa va a ser siempre fácil, porque no lo será. Cada vez que rompemos los viejos hábitos y establecemos nuevos que son buenos para nosotros, se presentan desafíos. Definitivamente va a tener que resistir la tentación de abandonar y estar dispuesto a perseverar durante esos tiempos en que su progreso no sea tan rápido como quisiera. Estoy diciendo que puede hacerlo tan fácil para usted misma como sea posible.

Puede hacer muchas cosas para hacer de su nuevo estilo de vida un ajuste relativamente sencillo. En realidad, conviene comenzar a pensar primero en el contexto en el cual introducirá sus nuevos hábitos. Si va a empezar a caminar una milla por día, ¿cuándo va hacerlo? Trate de elegir una hora en que no va a sentir presión para saltearlo. ("¡Pero, mamá, necesito que me lleves a la práctica ya mismo!") ¿Dónde lo va a hacer? ¿Va a hacerlo sola o con alguien? Organizar su vida para que los hábitos nuevos y saludables encajen correctamente es una clave para el compromiso a largo plazo.

¿De qué maneras puede introducir refuerzos positivos en su plan? ¿De qué maneras puede quitar la tentación de darse por vencida? ¿Hay personas con quienes puede asociarse que puedan ayudarle a mantener sus metas? ¿Debería abandonar ese club de postres al que ha pertenecido durante dos años? ¿Puede planificar vacaciones que se centren en la salud y el buen estado físico? ¿O en la relajación y la renovación espiritual? Si lo tomamos seriamente, hay muchas maneras en que la mayoría de nosotros puede hacer ajustes en la vida para facilitar más el éxito que el fracaso. Cuando el fracaso da más trabajo que el éxito, no ocurre. Por esa razón, sé que usted puede triunfar. Creo que está en camino a grandes cosas. ¡Estaré alentándola en el rincón, y esperando ansiosamente oír de su victoria!

Cuando el fracaso da más trabajo que el éxito, no ocurre.

Cinco maneras de facilitar el éxito

1. Dé pasos pequeños

Caminar una milla (1.609 Km) requiere alrededor de 2,000 pasos. No hay otras opciones ni atajos. Y cada uno de esos pasos es un diminuto triunfo que lo acerca a su meta. Lo mismo vale con cualquier otra gran meta. En el capítulo anterior hablé de fijar su vista en sus sueños y metas, y ahora le recordaré cuán esencial es dividir esas metas en pasos realizables.

Si usted sólo se concentra en la meta final es fácil que se pierda a mitad de camino. Otra vez, piense en ello como conducir desde St. Louis a Nueva Orleáns. Su meta final es Nueva Orleáns, y usted tiene que recordar adónde va, pero antes de pensar en Nueva Orleáns tiene que encontrar esa rampa de acceso I-55 y seguir en dirección al sur.

Planifique sus metas de corto plazo de modo que tenga algo que aspire a alcanzar. Anotarlas le dará un sentido de si está o no en camino. Por ejemplo, si su meta final es caminar tres millas por día, cinco días a la semana, podría empezar con sólo media milla tres días por semana. Algo que usted *piense* que puede hacer. La siguiente semana podría apuntar a una milla tres días por semana, y así, ir superando lentamente sus logros sin arriesgarse a fracasar y a desanimarse. No quite importancia a las pequeñas victorias. Los pequeños triunfos generan los grandes. Recuerde, ¡no tiene que probarle nada a nadie sino a usted misma! Alcanzar las metas realistas de corto plazo la animará a continuar hacia el gran premio.

2. Ríase de los contratiempos

Por muy cuidadosamente que planifique su progreso, usted tendrá contratiempos. Eso es parte de la vida. Una de las grandes diferencias entre la gente que triunfa y la que no, no radica en si tienen contratiempos, ni siquiera en la frecuencia de los mismos, sino en cómo responden a ellos. La gente que triunfa es capaz de reírse de los contratiempos y subirse otra vez al caballo.

Que tenga un mal día no significa que deba tener una mala vida. No sea como los israelitas que querían volver a Egipto cada vez que tenían un mal día en el desierto mientras viajaban hacia la Tierra Prometida. Está siendo liberada de la esclavitud de Egipto y dirigiéndose a la Tierra Prometida del sentirse espléndida y verse fabulosa, pero tendrá días en el desierto. Días en que su programa no será tan excitante como parecía al principio. Días en que se sentirá inútil. Está bien. No sea dura consigo misma en tales ocasiones. Sea cuidadosa y alentadora, como lo haría con cualquier otra persona que usted ama. Recuérdese a sí misma que diez días hacia adelante y un día para atrás la siguen manteniendo en el camino.

Anote sus victorias cuando las tenga. Lleve un diario de su viaje hacia la buena salud, por dentro y por fuera, y registre sus pequeños logros. Cuando tenga un día desalentador o uno en el que siente que ha hecho todo mal, lea su diario. Puede sorprenderse de lo lejos que ha llegado.

3. Hágalo cómodo

Si usted es una persona muy ocupada —¿y quién no lo es?— tendrá que encontrar maneras de incorporar las doce claves en su agenda. Hacer ejercicio lleva tiempo. Preparar o encontrar comida saludable para comer lleva tiempo. Leer las etiquetas lleva tiempo. Orar lleva tiempo. ¡Hasta reducir el estrés lleva tiempo! Afortunadamente, hay formas de hacer cómodo todo esto. Y no hay desventaja en lo cómodo, porque no se trata de lo mucho que intenta, sino de los resultados.

Por ejemplo, no crea que para comer saludablemente no debe ingerir nunca más comidas rápidas y sólo comer en el virtuoso local del restaurante vegetariano. La mayoría de las cadenas de comida rápida han sido presionadas para ofrecer alternativas saludables, y después de algunos pasos equivocados, lo han entendido mejor. Todas ofrecen ensaladas con pollo al horno u otras opciones saludables. Evite las frituras y las bebidas con azúcar y le irá bien con las comidas rápidas si no tiene otra elección. Y los supermercados ahora ofrecen todo desde sushi para llevar hasta paquetes de verduras lavadas para ensalada, lo que significa que comer sanamente no *siempre* requiere horas en la cocina.

El ejercicio es cómodo cuando no requiere que usted conduzca hasta ningún lugar, ni trate con equipo especial, o de lo contrario sería una carga para su día. Una vuelta completa a la piscina del patio trasero ha transformado a más de un inexperto de sillón en un acérrimo practicante del ejercicio. Un trote por la mañana antes de la usual ducha lleva sólo unos minutos y puede hacerse incluso antes de que nadie se percate de que ha salido de la casa. Caminar en el trabajo a la hora del almuerzo, o usar la sala de ejercicios de la compañía requiere muy poco "trabajo" de su parte. Elija un programa de ejercicios que usted pueda hacer. Que no sea algo costoso que va a quitarle dos horas de su día.

Escoja un corte de pelo y ropas que le hagan sentirse bien pero que demanden poco arreglo de su parte. Puede lucir excelente y seguir estando cómoda.

Elija donde vivir basándose en lo que será ventajoso para las metas de su estilo de vida saludable, no en un vecindario prestigioso o de un fantástico valor de reventa. ¿Puede salir a dar una caminata desde la puerta de entrada? ¿La iglesia, la escuela, y el trabajo están en un camino tranquilo, poco estresante, o requiere de un viaje diario de una hora que hace crujir los dientes? ¡Haga lo que es sencillo y disfrutará más de su vida!

¿Qué otras maneras pueden hacer que las opciones del estilo de vida saludable sean más fáciles que las alternativas?

4. Hágalo divertido

Sea realista. Usted sólo seguirá haciendo estas cosas si las disfruta. Dios desea que disfrutemos la vida al máximo. Encuentre un ejercicio que a usted *le guste*. Encuentre verduras que *le gusten*. No se obligue a tragar los porotos si los detesta; sólo fracasará.

El ejercicio puede ser divertido si lo combina con la vida social, las compras, u otra cosa que ya le guste hacer. Si es algo que detesta y tiene que hacerlo sola, a la larga no durará.

Obviamente, sólo recibe los beneficios saludables y espirituales de la iglesia si disfruta de ir allí. Investigue hasta que encuentre una que concuerde con sus creencias y su estilo de adoración. Pocas cosas son tan sensacionales como sentir que el Espíritu de Dios se mueve poderosamente a través de usted y del resto de la congregación.

Vale la pena pensar cuidadosamente en este punto. Mantenga el concepto de diversión en lo profundo de su mente todo el tiempo en que trabaje hacia un estilo de vida saludable, ya que no se está sanando para sentirse abatida. La meta es desarrollar una vida de gozo espiritual y emocional, que debería ser parte de los beneficios a lo largo de todo el camino.

5. Prémiese

No subestime el poder de las recompensas sencillas. Darse el gusto de ese nuevo par de zapatos que quería después de alcanzar su primera meta a corto plazo puede ser un esquema motivacional bastante obvio, pero ¡sigue funcionando! No hay nada malo en procurar sentirse bien. La zanahoria funciona mucho mejor que la vara. Y recuerde, a Dios le agrada cuando usted se cuida. Usted es valiosa ante sus ojos.

Cuando prepare sus metas de corto y largo plazo, adelántese y anote rápidamente, junto a ellas, algunos premios apropiados para usted. Eso le dará algo en lo cual pensar cuando luche por completar la última vuelta a la piscina o cuando se obligue a pasar de largo ante el escaparate de golosinas. "Sólo cinco vueltas más y me daré el gusto de ese nuevo CD". Asegúrese de que el premio sea apropiado: gran premio por alcanzar las metas principales y regalos más pequeños para los refuerzos positivos diarios. El solo saber que está alcanzando satisfactoriamente sus metas puede ser suficiente motivación para usted.

La celebración puede ser una parte importante de esto. Las celebraciones y las fiestas ayudan a estructurar su viaje y le permiten reflexionar sobre lo que ha logrado. También permite que sus amigos y su familia sepan lo importantes que son esas metas para usted —y tener su apoyo puede serle de mucha ayuda.

➤➤➤ HÁGALO ◄◄◄

"Pero sed hacedores de la palabra, y no tan solamente oidores."
(Santiago 1:22)

Elija al menos una acción que pueda poner en práctica para hacer que su estilo de vida saludable le resulte superfácil. Escríbala abajo, *comprométase a hacerla* y comience hoy mismo.

Acción: _____

➤ CLAVE 12 ◄

Hágase responsable

Uno de los mayores problemas de la sociedad hoy en día es que las personas no quieren hacerse responsables de sus vidas. Quieren soluciones mágicas. La sociedad los ha entrenado para creer que si tienen problemas, algún otro es responsable. Los responsables son los padres. El responsable es su cónyuge. Los responsables son la escuela o los empleadores. La responsables es la compañía que fabrica los cigarrillos o el vehículo o la comida chatarra.

No me gusta esa mentalidad pasiva. Quizás sus padres lo alimentaron mucho con comida chatarra cuando era niño, o nunca lo alentaron para hacer ejercicio. Quizás usted tiene el "gen ahorrativo" que hace que usted probablemente almacene más lípidos que la persona promedio. Quizás usted tiene un empleo de sesenta horas por semana con un largo viaje todos los días que le deja poco tiempo para preparar comidas caseras. Sea lo que fuere su vida, usted debe aprovecharla al máximo.

> *Sea lo que fuere su vida, usted debe aprovecharla al máximo.*

No quiero decir que usted sea responsable por el estado actual de su vida. Ocurren muchos acontecimientos incontrolables en nuestra vida. A veces sí recibimos muy malos mensajes en la niñez. En nuestra vida a veces hay personas malas que nos hieren. La situación en la cual se halla puede ser su culpa o no. ¡Pero *sí* es su culpa si no pelea por ella!

No tiene que quedarse en esa situación adversa. Usted debe elegir. Y esa elección es ciento por ciento suya.

Mis padres no me enseñaron nada sobre nutrición porque no sabían nada al respecto. ¿Eso me da libertad para alimentarme mal? No. Tengo que asumir la responsabilidad e informarme en estas áreas. Muchas personas de mi línea sanguínea familiar tenían sobrepeso. Habría sido fácil decir: "Está en mis genes". Aunque se hereda la contextura física, no es una excusa para permanecer con poca salud.

Sin importar cómo llegó adonde se encuentra ahora, no permita que eso sea una excusa para quedarse allí. Tenía muchas excusas y razones para mi mala salud, mi actitud indebida, y mi vida desequilibrada. Cuando puse excusas, nunca progresé.

Hacernos responsables de la situación en que nos hallamos es imprescindible para progresar. Transferir la culpa nos mantiene atrapados. Puede apagar un poquito la culpa a corto plazo, pero a la larga sólo prolonga nuestro sufrimiento.

Una mujer que trabaja para mí tiene una gran contextura ósea. Si la ubicamos junto a su madre, una al lado de la otra, son exactamente iguales. Esta mujer no puede hacer nada respecto a su estructura ósea, pero cuida mucho de sí misma. Está en forma, luce bien, nadie nota siquiera que su cuerpo es un poco grande. Podría poner excusas y dejarse caer en la depresión, echando la culpa a los genes, o al destino, pero en cambio vive responsablemente. Su recompensa por esa responsabilidad es ser feliz y tener una vida plena.

El poder del libre albedrío

Sería muy fácil si Dios no nos hubiera dado libre albedrío. Transcurriríamos nuestros días como robots, comiendo las frutas que caen en nuestras manos y esperando lo próximo que nos ocurra. Pero Él nos dio libre albedrío, lo cual conlleva una tremenda responsabilidad pero también la posibilidad del gozo y la satisfacción plenos.

Dios le dará todas las herramientas que usted necesita en la tierra para alcanzar la plenitud espiritual. Pero depende de usted tomar todas esas herramientas y ponerlas a trabajar para restaurar su salud y renovar su "templo" para Él. Puede hacerlo tan fácil como sea posible——y, al escribir este libro, he tratado de ayudar dándole información útil, guía, y consejos— pero Él no puede hacer el trabajo por usted. El trabajo es una parte esencial de la realización, una parte esencial en el proceso de liberar su alma de la esclavitud. Cuando usted se encuentra en el fondo de la autocompasión, el libre albedrío puede sentirse pésimo, una presión y una responsabilidad que simplemente no desea. Pero una vez que toma el compromiso de mantener su cuerpo y alma como debe, y de ser una persona de excelencia e influencia, descubre que el libre albedrío es su posesión más valiosa.

Por esa razón debe evitar a toda costa la autocompasión. La autocompasión es una emoción que se alimenta de sí misma y le roba su energía. Usted necesita energía para transformarse en la persona que debe ser; y no puede dar lástima y ser fuerte a la vez. Tenía un gran problema con la autocompasión desde pequeña, y no obtuve progreso alguno hasta que dejé de sentir lástima de mí misma.

Nos sentimos mejores con nosotros mismos cuando abordamos la vida con audacia, listos para rendir cuentas y ser responsables. No tiene que esconderse de nada. Puede hacer lo que sea necesario en su vida. Puede lucir saludable y atractiva. Puede sentirse fabulosa por dentro y por fuera. Puede vivir una vida que la mantiene en forma y feliz hasta la vejez. Todo depende de usted. Por Dios usted está lista para cualquier cosa. Afronte su vida, siga adelante y ¡no vuelva nunca atrás!

Una manera de hacerse responsable de su vida

Hasta ahora le he dado cinco opciones para implementar cada una de las doce claves a fin de disfrutar plenamente su vida. Ahora, justamente en la última clave, cambio rápidamente las cosas. Cuando se trata de hacerse responsable de su propia vida, no hay lugar para prisas, ni opciones adicionales para comenzar. Ha llegado la hora de ser sincera con usted misma y con Dios. Usted lo hace o no lo hace. Usando todas las cosas que ha aprendido en este libro, puede romper fácilmente los viejos hábitos y transformarse. Tome la decisión de hacerlo así. Cuando tenga un momento de privacidad, respire hondo, despeje su mente, y repita esta frase:

"Soy responsable de mi propia vida. Nadie puede hacerse cargo de ella sino yo. Si soy desdichada o poco saludable, sé que tengo el poder para cambiarlo. Tengo todo el conocimiento y la ayuda que necesito, y de la mano de Dios hoy empiezo a convertirme en la persona de excelencia que siempre supe que podía ser".

Felicitaciones. Gracias por hacer este trayecto conmigo, y bendiciones en el emocionante y maravilloso viaje que acaba de comenzar.

➤➤➤ HÁGALO ◄◄◄

"Pero sed hacedores de la palabra, y no tan solamente oidores."
(Santiago 1:22)

Elija hacerse cargo de su vida. Anote su decisión abajo, *comprométase a cumplirla* y comience hoy mismo.

Acción: _____

Epílogo

Practique lo que predica: sea un modelo de
autoestima para la próxima generación

Luzca estupenda, siéntase fabulosa trata sobre transformarse a sí misma en una persona con gozo y excelencia, una persona cuya salud y vitalidad se manifiesten hermosamente en quien es y en todo lo que hace. He mencionado mucho la manera en que los malos hábitos nos son prácticamente impuestos por una cultura que hace que éstos sean más cómodos y estimulantes que las alternativas saludables. La mayor parte de ellos se inicia tempranamente en nuestras vidas. Si usted lo ha hecho hasta aquí y se ha liberado de esas ataduras culturales, puede darse cuenta del problema: Justamente detrás de usted viene otra generación que también necesita salvarse.

Si hay algo más triste que los abusos fomentados por los adultos en una cultura norteamericana que desdeña la salud, es el terrible impacto que tiene sobre nuestros niños. Cuando pensamos en la niñez, apenas podemos separarla de la idea de actividad. La niñez consiste de correr por allí, jugar en el césped o en el parque, caminar o andar en bicicleta hacia la tienda, nadar en piscinas y estanques, y practicar deportes. Pero si usted no ha chequeado recientemente una escuela actual, puede darle un shock, porque no siempre es eso lo que la niñez requiere.

Hoy en día los niños enfrentan una epidemia de obesidad. El número de niños y adolescentes con sobrepeso se ha triplicado desde los setenta, del 5% al 15%, y sigue aumentando como nunca antes.

La obesidad es muy difícil en los niños. No sólo viene con un serio bagaje social y emocional sino que también los predispone a una vida poco saludable. Los niños con sobrepeso corren doble riesgo de desarrollar hipertensión, problemas cardíacos, y diabetes Tipo 2. La diabetes Tipo 2 se conocía como diabetes de aparición en adultos, porque nunca se veía en niños. Ya no lo es más. Ahora vemos signos de daño arterial en niños de tres años que se alimentan con la típica dieta norteamericana. ¡De tres años! Estos pequeñitos apenas han aprendido a hablar y los estamos cargando con un problema de salud de por vida. Un tercio de los niños de hoy desarrollará diabetes durante su vida. No podemos permitir que esto siga.

No piense que el problema desaparece en la edad adulta. Los niños con sobrepeso encuentran difícil revertir las cosas cuando crecen. Su cuerpo y su mente "aprenden" a estar con sobrepeso. En realidad, un estudio de graduados femeninos de Harvard mostró que el riesgo de enfermedades tales como cáncer y dolencias cardíacas se relacionaba directamente con su nivel de ejercicio cuando eran adolescentes. Si otros estudios avalan esto, entonces el ejercicio durante los años de la adolescencia puede ser la única manera realmente importante de prevenir la enfermedad de años más tarde. Por un lado es una buena noticia, porque significa que como padre o maestro usted tiene la oportunidad de dar un regalo que seguirá actuando mucho tiempo después de que sus hijos hayan dejado el nido.

Puede adivinar la razón de los problemas que tienen los niños con relación al peso, ya que no son factores diferentes de los que afectan a los adultos. Los hábitos de mala alimentación son un problema, pero el mayor culpable es la consabida falta de ejercicio. Weight Watchers (Cuidadores del Peso) estima que el comer en exceso es responsable del treinta por ciento del problema, mientras que la falta de ejercicio representa el cincuenta por ciento. Un estudio del gobierno del año 2002 concluyó que la única manera de dar solución al problema es enfocarse en el ejercicio.

¿Será así de fácil? Absolutamente no. Como puede decirlo cualquier persona que haya criado adolescentes, es más fácil luchar contra un oso que hacer que los adolescentes cambien sus hábitos. Si usted desea inculcar buenos hábitos en ellos comience a trabajar en eso cuando son más pequeños, ingenuos, y todavía creen que usted sabe un par de cosas. Si vive en un vecindario en el que los niños pueden jugar afuera con sus amigos, ya ha ganado la mitad de la batalla. Pero en muchos vecindarios los niños *no pueden* jugar seguros afuera. El niño promedio de Estados Unidos mira tres horas de TV por día. No sólo significa estar tres horas sentado, sino que los estudios muestran que mirando TV ¡se queman menos calorías que las que se queman estando *sentado y quieto*! Peor aún, esas tres horas diarias suman 10,000 avisos comerciales por año, la mayoría de los cuales son de comida chatarra o comida rápida. Eso es como un doble revés: No sólo que la TV priva a su niños de la actividad física, sino que a la vez les enseña a desear comida pésima.

La solución más fácil es limitar el tiempo que sus niños ven TV. Hágalos jugar o hacer algo constructivo. Que usen su mente y hagan algo que los mantenga en movimiento. Estarán de mejor humor por la noche. Si a su hijo le gusta participar en deportes organizados, estupendo. Si no, no lo presione o de lo contrario se convertirá en alguien que odia los deportes de por vida. Hay un millón de otras formas para hacer que el ejercicio sea divertido y fácil, y que no involucran juegos con pelotas ni entrenadores.

Una de las mejores formas en que puede inculcar a sus hijos el amor por el ejercicio es comenzar una tradición de caminatas familiares cuando son pequeños. Hasta los niños de tres años pueden ser caminantes bastante buenos. Al realizar caminatas familiares, usted *da el modelo* de una buena conducta para sus hijos, lo cual es esencial. "Haz lo que digo, y no lo que hago" sencillamente no sirve con los niños. Son inteligentes y siguen el ejemplo que usted les da. Si usted camina, y ellos caminan, no necesita darles una conferencia sobre la importancia del ejercicio. Ocurre sin hablar.

Los beneficios de las caminatas familiares van incluso más allá de esto. Descubrirá que "el tiempo inactivo" durante las caminatas es una oportunidad natural para hablar sobre cosas y averiguar qué está pasando en la vida de sus hijos. Es un estupendo tiempo para afianzar vínculos.

Cuando los niños entran en los años de la adolescencia, tienen menos inclinación a caminar con usted, pero existen muchas formas de mantenerlos activos. Los vecindarios en que los niños pueden caminar hacia la escuela son cada vez menos en estos días, pero si es tan afortunado de vivir en uno, asegúrese de sacar ventaja de eso. Al menos, ellos pueden caminar hasta la parada de ómnibus. Trate de ofrecerles tareas que involucren ejercicio: cortar el césped, rastrillar hojas, y sacar a pasear al perro, son tres buenos ejemplos. Si necesita algo del minimercado que está a una milla de distancia, eso tiene escrito un rótulo: "misión para adolescentes".

Hacer que el ejercicio sea parte de la vida hogareña de sus hijos es más importante que nunca ya que las escuelas no ayudan en este frente. No culpe a las escuelas: están más carentes de dinero que nunca. Educación Física es uno de los primeros programas que fueron excluidos cuando hicieron impacto los recortes de presupuesto. ¿Qué más podían recortar? ¿Inglés? Los recreos también se están dejando de lado. Mientras reducen más y más los gastos al mínimo, las escuelas tratan desesperadamente de continuar con su rol de cuidar la mente de los niños, dejando el cuidado de sus cuerpos completamente a los padres y a la Liga Infantil de Béisbol.

Eso ya está bastante mal, pero algo más terrorífico ocurre en nuestras escuelas. Si no ha oído todavía sobre eso, permítame ser la primera en hacer sonar la alarma. Desesperadas por dinero, las escuelas están recibiendo máquina expendedoras de refrescos en sus salones. Las compañías de refrescos pagan 100,000 dólares al año por los derechos exclusivos para vender sus productos en las escuelas porque saben que un consumidor adolescente a menudo queda atrapado de por vida.

¿Qué le hace demasiado refresco a un cuerpo joven? Para comenzar, bombea dentro cientos de calorías vacías —calorías que suman peso sin nutrición. Con treinta gramos o más de azúcar por porción, el refresco es la vía más rápida a la diabetes. Pero el impacto nocivo de los refrescos llega aún más lejos. Los refrescos están llenos de ácido fosfórico, el cual debe ser detenido en el tracto digestivo. La mejor manera de hacer esto es el calcio. ¿De dónde consigue el cuerpo ese calcio? De los huesos. Una dieta constante de refrescos absorbe el calcio de los huesos jóvenes en la peor etapa posible: la mitad de la masa ósea se desarrolla durante los años de la adolescencia. Esto ayuda a explicar por qué las adolescentes que beben refrescos tiene tres veces más probabilidades de sufrir fracturas óseas que las chicas que no lo hacen.

Por supuesto, la mayoría de las adolescentes *beben* refrescos, lo cual puede ser respaldado por los alarmantes resultados de un estudio reciente en la Clínica Mayo. El estudio encontró que, durante los pasados treinta años, el porcentaje de fracturas de muñeca y antebrazo en las chicas ascendió ¡*un cincuenta y seis por ciento*! El porcentaje entre los varones también ha aumentado. La razón probablemente sea que los adolescentes toman menos leche y más refrescos que lo que acostumbraban. Los niños deberían recibir al menos cuatro porciones de lácteos por día. Los suyos ¿las reciben? Si a sus hijos no les gusta la leche, el queso, o el yogurt, otras buenas fuentes de calcio incluyen verduras, brócoli, y sardinas. ("¡Fabuloso, mamá, son nuestras favoritas!")

Además de limitar la ingesta de refrescos de sus hijos, puede hacer maravillas por sus huesos con entrenamiento de resistencia. Los médicos solían creer que el entrenamiento de resistencia podía lastimar los cuerpos en desarrollo, pero ahora sabemos que las rutinas moderadas tienen un impacto positivo y seguro sobre los adolescentes. En realidad, los beneficios del entrenamiento de resistencia en las chicas borran lo que vemos en los adultos. Un estudio de las notas de las patinadoras que tenían una edad promedio de diez años, demostró que sólo dos sesiones de resistencia por semana incrementaban el sesenta y siete por ciento su fuerza, el trece por ciento su salto vertical, y mejoraba sus puntajes en la competición. Por supuesto, también hacía maravillas con la confianza en sí mismas.

La confianza en sí mismos puede ser la clave cuando se discuten con los adolescentes temas relacionados con el peso. Muy a menudo las dos cosas van juntas. Cuál es el huevo y cuál es la gallina apenas importa. ¿Los niños miran TV, usan videojuegos, adquieren sobrepeso, y después reciben burlas y se siente mal respecto de sí mismos? ¿O la burla y la falta de autoestima los llevan a estar más en su casa, comen para compensarlo, y aumentan de peso? De cualquier modo, lo que debe hacer es colocarlos en un camino mejor con mejores hábitos *y* mayor confianza en sí mismos. Lo que usted *no* desea hacer es que se sientan peor acerca de su peso: ya se sienten bastante mal.

Para obtener resultados sin hacer de esto un problema mayor, recomiendo quitar el enfoque del peso y ponerlo en el buen estado físico. No les diga a sus adolescentes: "¡Debes perder peso!" En cambio, presénteles los principios básicos de la salud física y la nutrición. Los adolescentes se interesan por la manera en que funciona su cuerpo y les gusta aprender. Haga que lean algunos capítulos de este libro y estarán listos para comenzar. Si usted está dando el modelo de la conducta que desea que ellos emulen, tanto mejor. Dar paseos familiares o caminatas después de comer hace que los niños caminen sin señalarlos como culpables. Haga lo que haga, no los compare con sus hermanos mayores. Ésa es una manera segura de hundir su autoestima.

Desórdenes alimenticios

Si las malas noticias son que la obesidad en los adolescentes se ha disparado, las buenas noticias son que ahora el tema está en el radar de todos. También lo están los desórdenes alimenticios, la otra cara de los problemas de la comida para adolescentes. Diez millones de mujeres en los Estados Unidos tienen anorexia o bulimia, y también las padece un millón de hombres. Los desórdenes a menudo surgen en la adolescencia. La anorexia es como una dieta que ha quedado fuera de control. La persona se resiste a comer y se consume hasta que aparecen serios problemas de salud, incluyendo baja frecuencia cardíaca y presión sanguínea peligrosamente baja, osteoporosis, pérdida de masa muscular, deshidratación, y caída del pelo. La bulimia, que se caracteriza por ciclos de comida y purga (generalmente por medio del vómito), puede resultar en ruptura del estómago o del esófago, pérdida de piezas dentales (debido al ácido estomacal), y problemas intestinales.

Rara vez encontrará una única causa de desórdenes alimenticios, pero los mensajes de los medios de comunicación definitivamente constituyen un factor. Nuestra cultura glorifica la delgadez, y las revistas dirigidas a las mujeres jóvenes son algunas de las peores culpables de esto. Las chicas que son presionadas o ridiculizadas acerca de su talla o peso tienen más probabilidades de desarrollar desórdenes alimenticios, como también quienes han sido abusadas física o sexualmente, o tienen una vida con alto nivel de estrés y poco control sobre ella.

Los signos de los desórdenes de la alimentación incluyen intensa pérdida de peso, preocupación por la comida, depresión o baja autoestima, y a veces obsesión con el ejercicio (como una manera de hacer que el cuerpo de uno "desaparezca"). Si usted reconoce estos síntomas en un niño que conoce, preste mucha atención. El tratamiento de los desórdenes alimenticios generalmente lleva tiempo e involucra psicoterapia, apoyo grupal, y asesoramiento nutricional. Los casos severos pueden requerir hospitalización hasta que la alimentación se normalice.

La mejor solución, por supuesto, es prevenir que estos desórdenes se inicien, en primer lugar, enseñando a los niños imágenes y estilos de vida de cuerpos saludables. Estas son algunas maneras de hacer precisamente eso.

Diez maneras de incorporar buen estado físico y autoestima a la vida de sus niños

1. Sea su modelo de buena conducta

Todo lo que usted hace es seguido *muy de cerca* por los ojitos de su casa. Si usted permanece activa, hace ejercicio con regularidad, deja la

TV de lado, y come saludablemente, sus niños también lo harán
—aunque al principio no lo parezca.

2. Aumente su presupuesto escolar

Cuando las escuelas se vieron obligadas a recortar drásticamente
sus presupuestos, la Educación Física fue la primera en salir. Pronto la
siguieron las materias extraescolares. Haga que su ciudad apoye sus
escuelas. Las escuelas sanas hacen a una comunidad sana. Si usted quiere estar realmente activa, anime a las escuelas a introducir deportes más
cooperativos y menos competitivos.

Muchos estudiantes, especialmente las chicas, pierden totalmente
el interés en los deportes que enfatizan ganadores y perdedores. Me
encanta ver que los profesores se preparen más para enseñar entrenamiento personal y que inicien a los niños en eso, además de sacar las
redes de voleibol.

3. Basta de refrescos

Reemplace al menos parte del consumo de refrescos de sus adolescentes por leche y ayudará a garantizarles huesos fuertes de por
vida. O sustituya una mezcla de jugo y agua de seltzer por soda sola
o jugo de fruta. Disminuye las calorías a la mitad y evita el acos-
tumbramiento al sabor del azúcar. Si sus hijos toman mucha leche
entera y tienen problemas de peso, cambie por leche descremada al
dos por ciento. Si ya beben al dos por ciento, cámbiela al uno por
ciento. Su paladar se adaptará rápidamente y no extrañará la mate-
ria grasa innecesaria.

4. Prepárelos mientras son jóvenes

Cuanto más tempranamente inculque a sus niños una conducta
saludable, más natural les parecerá. Para cuando son adolescentes, es
difícil hacerles cambiar de hábitos. Pero aunque usted comience cuando son adolescentes, es mucho mejor que esperar hasta la adultez, ya
que la mayor parte del desarrollo importante del cuerpo está completo a los dieciocho años de edad.

5. *Manténgalos en movimiento*

Si los adolescentes participan tres veces por semana en ejercicios aeróbicos —tales como caminar, correr, andar en bicicleta, nadar, o en los deportes de la secundaria— están en buena forma. Si le suman un par de encuentros de entrenamiento de resistencia por semana, serán fuertes, con buen estado físico, y seguros. No permita que los empujen a niveles de adultos, pero las sesiones moderadas pueden ser el mejor amigo de un adolescente.

6. *Preste atención al desayuno y al almuerzo*

No me sorprendería que pudiéramos cortar de raíz la epidemia de obesidad infantil haciendo que los niños se sienten a tomar un verdadero desayuno antes de salir de la casa. ¿Cuántos niños apenas mastican una tarta ligera mientras caminan al ómnibus? Eso no le hace un favor a nadie. El metabolismo colapsa, resultando en fatiga, falta de capacidad para concentrarse, y almacenamiento de lípidos. Los estudios muestran abrumadoras diferencias entre los niños que desayunan y los que no. Prevéales un buen desayuno a sus hijos, y se desempeñarán mejor, física y mentalmente. Mientras tanto, los almuerzos escolares siguen dos direcciones. Algunas escuelas están haciendo un verdadero esfuerzo para proporcionar comidas sanas. Otras no pueden manejarlo y están dejando que las cadenas de comidas rápidas asuman el control de las cafeterías. ¡Hasta podemos declarar la guerra a nuestros hijos! Averigüe qué almuerzan sus hijos.

7. *No emplee la presión*

Haga que una adolescente se sienta mal por la manera en que se alimenta y se estará buscando un verdadero problema. Lo menos que podemos decir, resentimiento. Lo peor, desórdenes alimenticios. Apunte, en cambio, al buen estado y a la alimentación sana, y haga de eso una prioridad familiar no un campamento de reclutas para un niño.

Nuestras madres querían nuestro bien cuando nos pedían que acabáramos el plato, pero a menudo esto nos inculcó malos hábitos.

"Acaba tu plato o no hay postre" nos decían —lo cual nos hacía dar un atracón sólo para conseguir la torta, y después de algún modo nos obligábamos a meter eso también. ¡Puaj! Si usted siempre come hasta que su plato esté vacío, en vez de hasta que está saciado, pierde la capacidad de juzgar cuándo ha comido lo suficiente. Los niños son muy buenos en comer lo que necesitan. En vez de obligarlos a comer una cierta cantidad o una verdura en particular, provéales muchas opciones sanas (y poca comida chatarra); no use los alimentos como recompensa, y deje que tomen sus propias decisiones sobre qué comer de la sana variedad que proveyó.

8. Déjelos dormir hasta tarde

Los adolescentes no son perezosos cuando salen a tropezones de sus dormitorios a las diez de la mañana; están respondiendo a sus necesidades biológicas. Muchos estudios nuevos demuestran que los adolescentes necesitan una o dos horas más de sueño que los adultos. Si tienen menos de de nueve horas de sueño por noche, comienzan a desempeñarse mal. Tienen peores notas, están más propensos a accidentes automovilísticos, y tienen más probabilidades de desarrollar depresión o Síndrome de Déficit Atencional con Hiperactividad (SDAH).

9. Planifique el éxito

Asegúrese de que el ambiente de sus niños facilite el ejercicio. Un hogar sin nada que hacer afuera, pero con una gran pantalla de TV dentro, con cada videojuego conocido por el hombre, no fomenta el ejercicio. Si hay aros de básquet, redes de voleibol, y raquetas de tenis por allí, ellos los usarán. Si el dinero es un problema, existen muchos parques que ofrecen canchas gratuitas, natación y senderos.

10. Haga que las vacaciones cuenten

No importa dónde viva, las vacaciones pueden ser un tiempo estupendo para que los adolescentes aprendan nuevos ejercicios que pueden atraparlos para toda la vida. Podría ser bucear con esnórkel en

Florida, montar a caballo en Colorado, o esquiar en Vermont. Cuando el ejercicio se torna agradable, es más llevadero. Hasta Nueva York puede ser una ciudad de mucho ejercicio: camine de museo a museo y habrá hecho muchas millas para cuando se desplome en la cama del hotel esa noche. La mayor parte de los parques temáticos involucran largas caminatas. Más cerca del hogar, eventos tales como exposiciones del condado mantienen a los niños caminando toda la noche sin que siquiera se den cuenta. (¡Esté atento a que no haya algodón de azúcar!)

Apéndice A

Déjeme saber de usted

¡Quiero saber de su éxito! No escribo libros para mí misma. No me siento en mi estudio por la tarde mirándolos y diciendo: "¡Buena observación, Joyce! ¡Linda oración!" No, escribo libros para tender una mano. Para establecer relaciones con usted y con otras buenas personas como usted.

Una relación no es una calle de sentido único. Es de doble mano. Así que para que nuestra relación continúe, ¡necesito saber de usted! Su éxito es muy importante para mí. Quiero oír su historia inspiradora y quizás compartirla con los demás. Recibo también sus pedidos de oración.

Puede contactarme a:

Joyce Meyer Ministries
P.O. Box 655
Fenton, MO 63026
636-349-0303
www.joycemeyer.org

En Canadá:

Joyce Meyer Ministries—
Canadá
Lambeth Box 1300
London, ON N6P 1T5
636-349-0303

En Australia:

Joyce Meyer Ministries
Australia
Locked Bag 77
Mansfield Delivery Centre
Queensland 4122
07-3349-1200

En Inglaterra:

Joyce Meyer Ministries
P.O. Box 1549
Windsor
SL4 1 GT
(0) 1753-831102

Apéndice B

Una onza de prevención:
Una lista de control del automantenimiento diario

Sea un inversor, no un jugador. Puede ignorar todas las pequeñas cosas que contribuyen a una vida de salud y esperar ser bendecido en la vejez, o puede invertir en su futuro destinando cada día un poco de tiempo para su mantenimiento personal, sabiendo que llegará a "gastar" todo ese tiempo, más el interés, a lo largo de una vida larga y saludable. Use esta lista de control todos los días para mantenerse en el camino. Puede fotocopiarla de este libro o diseñar la suya propia.

Fecha_____

Tareas diarias

Nutrición

- ❑ 6-10 vasos de agua
- ❑ 5 porciones de frutas y vegetales
- ❑ 2 porciones de proteínas saludables (pescado, aves, huevos, chauchas, etc.)
- ❑ Multivitaminas o suplementos

Higiene

- ❑ Cepillado
- ❑ ¡Usar hilo dental!
- ❑ Limpieza y humectación de la piel
- ❑ Cabello y uñas limpios y atractivos

Estilo de vida

- ❑ Ejercicio:_____(actividad y duración)
- ❑ Vestirme de manera que esté orgullosa
- ❑ Zapatos cómodos y de apoyo
- ❑ Dormir toda la noche

Espíritu

- ❑ Reducir o evitar el estrés hoy:_____ (¿cómo?)
- ❑ Renovar mi espíritu hoy: _____ (¿cómo?)
- ❑ Hacer algo por otra persona: _____ (¿qué?)
- ❑ Pensar en mis metas a largo plazo

Recordatorios generales

Proteja su espalda cuando levanta cosas • Evite el sol excesivo • No fume • No se dañe la vista con poca luz o usando anteojos incorrectos • Sonría y ría a menudo • No haga nada en exceso • Hágase chequeos anuales • Lávese a menudo las manos para prevenir infecciones • Hágase limpieza dental cada seis meses • Ore por todo a lo largo del día • Disfrute su vida

Apéndice C

Hoja para arreglos de emergencia

Mantener la sensación de bienestar físico y espiritual que proviene de una buena salud depende de que persevere todos los días en su plan de doce claves. Pero tenga cuidado con los momentos de debilidad. Los sentimientos saltan todos los días, y todos los experimentamos. Comprenderse en esos momentos de debilidad es la clave para disfrutar de una vida saludable ahora. Fotocopie esta Hoja para Arreglos de Emergencia, llévela con usted, y cuando sienta que se debilita en cualquiera de las doce áreas durante el día, sáquela y ubíquese otra vez en la pista. *(Recuerde: estos son arreglos de emergencia para momentos de crisis; lea cada capítulo del plan de doce claves para alcanzar todo su potencial.)*

Clave 1. Deje que Dios haga el trabajo pesado

Sentimiento: ¡No puedo hacerlo!¡No soy lo bastante fuerte!

Arreglo: • Deje lo que está haciendo y despeje su mente.
Recuerde que no tiene que hacerlo sola.
Pida a Dios que se haga cargo y actúe a través de usted.
Luego vuelva a su tarea.

Clave 2. Aprenda a amar su cuerpo

Sentimiento: Soy gorda/ fea/ vieja/ ¡lo que sea!

Arreglo: • Inmediatamente trátese bien a usted misma. Compre una
sola flor, póngala en un florero junto a su cama, y disfrute
de su belleza. Recuerde: "Soy creada a la imagen de Dios.
Dios me ama ¡y yo me amo!"

Clave 3.Domine su metabolismo

Sentimiento: ¡Soy una babosa! ¡Mi metabolismo está en coma!!

Arreglo: • Beba un vaso de agua fría (eleva el metabolismo el treinta
por ciento).

• Tome un desayuno con proteína y cereal integral.

• ¡No saltee comidas!

• Haga ejercicios vigorosamente durante diez minutos.

Clave 4. Haga ejercicio

Sentimiento: Tengo sobrepeso.
Estoy malhumorada/ soñolienta/ triste

Arreglo: • Haga una caminata o corra. Monte en bicicleta o nade.
Nada extenuante. El ejercicio diario moderado reduce a la
mitad los riesgos de enfermedades cardíacas, diabetes y
derrame cerebral, y derrite veinte libras (9 Kg) de su cuerpo por año. También alivia la depresión leve y la hace más
productiva.

- Si no puede hacer una caminata, estírese en su escritorio durante diez minutos.

Clave 5. Aliméntese equilibradamente.

Sentimiento: ¡Las hamburguesas y las papas fritas serían más fáciles para almorzar! ¡Ahhh!¡ Pasta!

Arreglo: • Una comida a la vez, usted puede elegir correctamente. Cuando vacile entre una comida sana y otra que no lo es, pida al Espíritu Santo que le ayude a elegir de manera correcta. Ahora diga en voz alta: "Tengo dominio propio y voy a comer lo que es mejor para mí".

- Maximice sus hamburguesas vegetarianas: consiga ensalada rápida; o el sándwich con muchas verduras, atún o pavo, y sin queso; o la pizza de los amantes de lo vegetariano.

Clave 6. Hidrate su vida

Sentimiento: Estoy aletargada. ¡Necesito comida o cafeína!

Arreglo: • El sentimiento de debilidad de la deshidratación suele confundirse con hambre o falta de energía. Beba inmediatamente un vaso de agua completo, espere quince minutos, y vea si se siente mejor.

- Beba un vaso de agua antes de cada comida.

- Lleve siempre con usted una botella de agua.

Clave 7. Tome conciencia de lo que come

Sentimiento: Sólo necesito algo para masticar mientras trabajo/ conduzco/ miro TV.
¡Creo que comeré un poco más!
Basta. ¡Debe ser hora del postre!

Arreglo: • Tenga alimentos sanos, fáciles, livianos al alcance de la mano: zanahorias bebé, barras de proteínas, cabezuelas de brócoli, fruta, y paletas de jugo heladas son buenas elecciones.

- Siempre que lleve comida a la boca, pregúntese: "¿Sabe bien? ¿Lo necesito?" Coma sólo los alimentos necesarios.
- Nunca se repita. No lo necesita. En cambio, deje su tenedor, póngase de pie, y aléjese.

Clave 8. Controle su hambre espiritual

Sentimiento: La comida es lo único que me interesa.

Arreglo: • Está confundiendo hambre espiritual con hambre físico. Si se siente aburrida, sola, o deprimida, la comida no llenará ese vacío. En cambio, cierre sus ojos e imagine el amor de Dios derramándose en su interior. Ahora piense en lo tonta que parece esa comida.

Clave 9. Libérese del estrés

Sentimiento: ¡Estoy tan frustrada y decepcionada por el trabajo/ él/ ella/ la vida, que no puedo relajarme!

Arreglo: • Cierre sus ojos, acuéstese o ponga la cabeza sobre el escritorio, y cuente hasta sesenta, imaginando cada número en su mente mientras lo cuenta. Respire profundamente mientras lo hace. Recuerde que esto también pasará.

    • Dé una caminata, corra o nade. Tome un baño o escuche música relajante.

Clave 10. Vea correctamente

Sentimiento: ¿Es en vano! ¡Estoy tan lejos de mis metas!

Arreglo: • Las vidas exitosas están formadas por días exitosos. Mire cuán lejos ha llegado. Tome un momento, vaya a algún lugar tranquilo, y prevea la vida que usted desea.

    • ¿Qué puede hacer hoy —sólo hoy— para estar un paso más cerca de esa vida?

Clave 11. Hágalo fácil

Sentimiento: ¡No tengo tiempo para hacer ejercicio/ cocinar/ leer este libro!

Arreglo: • Usted no recibe crédito por trabajar mucho, así que tome atajos para la salud siempre que pueda.

   • Use una rueda de andar o una bicicleta fija mientras mira TV. Use las escaleras en vez del ascensor. Ocupe el primer lugar de estacionamiento que vea y camine unos metros más.

   • Compre verduras prelavadas para ensaladas, vegetales precortados, melones, y ananás, camarones precocidos, y otras comidas sanas que no requieren preparación. ¡A nadie le gusta el trabajo de prepararlas!

   • Leer este libro y aprender sus consejos le dará más tiempo para disfrutar de una vida sana, no menos. ¡No puede permitirse e lujo de no leerlo!

Clave 12. Hágase responsable

Sentimiento: ¡Estaría en buena forma y sería feliz si tan sólo mis padres/ los genes/ la vida no me hubieran echado todo a perder!

Arreglo: • Usted no puede ser responsable de los eventos de su pasado que la llevaron a su situación actual. ¡Pero sí es responsable si se queda allí! Tiene que elegir. Dígase ahora mismo: "Nadie puede hacerse cargo de mi vida sino yo. Con la ayuda de Dios, tengo el poder para cambiar. Hoy me transformo en la persona de excelencia que siempre supe que podía ser".

Apéndice D

Sus doce claves personales

Use esta página como ayuda para mantenerse en el camino de —y perseverar en— las doce conductas que ha elegido adoptar para alcanzar las metas de su estilo de vida.

Clave	Conducta, Hábito o Práctica
1. Conseguir la ayuda de Dios	_____
2. Aceptar su cuerpo	_____
3. Dominar el metabolismo	_____
4. Hacer ejercicio	_____
5. Alimentación equilibrada	_____
6. Agua	_____
7. Alimentación consciente	_____
8. Nutrición espiritual	_____
9. Reducir el estrés	_____
10. Metas a largo plazo	_____

11. Un estructura de apoyo _____

12. Asumir la responsabilidad _____

Bibliografía

Agatston, Arthur. *The South Beach Diet* (La dieta de South Beach).Emmaus, PA: Rodale, 2003.

The Alternative Advisor (El Asesor Alternativo). Alexandria, Virginia: Time-Life, 1997.

Atkins, Robert. *Dr. Atkins'New Diet Revolution* (La revolución de la nueva dieta del Dr. Atkins). Nueva York: Harper- Collins, 2002.

Bailey, Covert. *Smart Exercise* (Ejercicio inteligente). Boston, MA: Houghton Mifflin, 1994.

Boston Women's Health Book Collaborative. *Our Bodies, Ourselves* (Nuestros cuerpos, nosotros mismos). Nueva York: Simon and Schuster, 1998.

Colbert, Don. *What would Jesus eat?* (¿Qué comería Jesús?) Nashville, TN: Thomas Nelson, 2002.

Cooper, Kennneth. *Faith-Based Fitness* (Buena forma basada en la fe). Nashville, TN: Thomas Nelson, 1995.

Dement, William. *The Promise of Sep* (La promesa del dormir). Nueva York: Delacorte, 1999.

Evans, Mark. *Mind Body Spirit* (Mente, Cuerpo, Espíritu). Londres: Hermes House, 2002.

Foods That Harm, Food That Heal (Alimentos que dañan, alimentos que sanan). Pleasantville, NY: Reader's Digest, 1997.

Hiser, Elizabeth. *The Other Diabetes* (La Otra Diabetes). Nueva York: William Morrow, 1999.

Kalb, Claudia. *"Faith and Healing"* (La Sanidad y La Fe). Newsweek, Noviembre 10, 2003, pp. 44-56.

Merck Manual of Medical Information (Manual de Información Médica Merck), Segunda Edición Nacional. Nueva York: Pocket Books, 2003.

Nelson, Miriam. *Strong Women Stay Young* (Las mujeres fuertes se mantienen jóvenes). Nueva York: Bantam, 1997. "Overcoming Obesity" ("Venciendo a la Obesidad"). Time, Junio 7, 2004.

Sansone, Leslie. *Walk Away the Pounds* (Aleje los kilos). Nueva York: Warner, 2005.

Sapolsky, Robert. *Why Zebras Don't Get Ulcers* (Por qué las cebras no tienen úlceras). Nueva York: W.H.Freeman, 1998.

Schmid, Randolphe. "Stress Found to Activate Enzyme That Impairs Memory" ("El estrés activa una enzima que afecta la memoria"). Associated Press, Octubre 29, 2004.

Tanner, Lindsey. "Walking May Keep Older Minds Sharp" ("Caminar puede mantener aguda la mente de los ancianos"). Associated Press, Septiembre 22, 2004.

Weil, Andrew. *Eating Well for Optimum Health* (Alimentarse bien para una óptima salud). Nueva York : Knopf, 2000.

Willet, Walter. *Eat, Drink, and Be Healthy* (Coma, beba y sea sano). Nueva York: Free Press, 2001.

Acerca de la autora

Joyce Meyer ha venido enseñando la Palabra de Dios desde 1976 y en ministerio a tiempo completo desde 1980. Es autora de más de 54 libros, entre ellos *Controlando sus emociones*, *El desarrollo de un líder*, *La batalla es del Señor*, *Conozca a Dios íntimamente*, *No se afane por nada* y *Adicción a la aprobación*. Ha grabado más de 220 álbumes de audio casetes y más de 90 videos. El programa radial y televisivo de "Disfrutando la vida diaria" se transmite a través del mundo. Ella viaja extensamente para compartir el mensaje de Dios en sus conferencias. Joyce y su esposo, Dave, han estado casados por más de 33 años, tienen cuatro hijos y viven en Missouri. Los cuatro están casados y tanto ellos como sus cónyuges trabajan junto a Dave y Joyce en el ministerio.